FOLIO POLICIER

Simenon

Le Coup de Vague

Gallimard

© Éditions Gallimard, 1939.

Georges Simenon, l'homme aux 400 livres et aux 100 000 femmes !

Personnage excessif, écrivain de génie, père du célèbre Maigret et d'une importante œuvre romanesque, Simenon restera l'un des romanciers majeurs de ce siècle.

I

Il n'avait pas le moindre pressentiment. Si, au moment où il se levait et regardait par la fenêtre le ciel encore barbouillé de nuit, on lui avait annoncé qu'un événement capital marquerait pour lui cette journée, il n'aurait sans doute pas haussé les épaules, car il était volontiers crédule. Peut-être aurait-il pensé, en fixant le plancher de ses yeux gonflés de sommeil :

— Sûrement un accident de motocyclette!

Il avait une nouvelle machine de huit chevaux, entièrement nickelée, qu'il ne cessait de faire pétarader le long des routes.

Si ce n'était un accident de moto, qu'est-ce qu'il pouvait advenir? Un incendie au Coup de Vague? Cela toucherait davantage ses deux tantes que lui et on aurait tôt fait de rebâtir une nouvelle ferme.

Peut-être Jean aurait-il pensé à une chose cependant, qui le tracassait parfois au moment de s'endormir. Leur meilleur client, pour les moules, était l'Algérie, où ils expédiaient de pleins wagons. Les moules étaient acheminées par Port-Vendres et avaient le temps, depuis La Rochelle, de perdre de leur poids. Alors, on les faisait tremper deux ou trois jours en Méditerranée pour les remplir d'eau.

Recevrait-on de mauvaises nouvelles d'Algérie? Apprendrait-on que les moules avaient fait des victimes?

En réalité, Jean ne pensait à rien de tout cela, pour la bonne raison que rien ne l'avertissait d'un événement quelconque. Comme d'habitude, il avait ouvert les yeux cinq minutes avant la sonnerie du réveille-matin et il avait paresseusement enfilé un vieux pantalon, deux tricots de laine, passé les doigts dans ses cheveux et rincé sa bouche avec un peu d'eau.

C'était rituel, y compris le pas furtif de tante Hortense dans l'escalier et le « plouf » du réchaud à gaz qu'elle allumait pour réchauffer un peu de café. Jean ne devait pas encore descendre car sa tante, pour ne pas perdre de temps, gagnait la cuisine en tenue de lit, rentrait chez elle en courant et s'habillait sommairement.

Un événement capital? Un lot à la Loterie Nationale, par exemple? Encore faudrait-il que ce fût un très gros lot! En tout cas, il n'aurait jamais pensé que l'imprévu pût venir de Marthe, de Marthe Sarlat dont il pouvait voir la lumière, à l'étage de la seconde maison de gauche, vers Marsilly.

Car Marthe s'habillait aussi, tandis qu'un peu de glauque rongeait le fond du ciel; et dans chaque ferme, dans chaque maison du village, c'était le même réveil hébété.

Jean descendit dans la cuisine et chaussa ses bottes de caoutchouc qui lui montaient jusqu'en haut des cuisses. Tante Hortense parut bientôt, vêtue de ses pantalons bouffants en grosse toile noire, car elle n'avait pas voulu, à l'instar des autres femmes, adopter la couleur bleue qu'elle jugeait vulgaire.

— ...jour, tante!
— ...jour, Jean!

Tout marchait à la fois comme une machinerie bien montée. La tranche glauque s'agrandissait dans le ciel et la mer s'en allait doucement vers le large, découvrant toujours plus de vase, de sable roux et de rocher.

Des charrettes se rapprochaient, des voix. Pellerin, ses moustaches rousses humides de rosée, sortait le cheval de l'écurie et le faisait reculer dans les brancards du tombereau.

Aucune différence avec les autres jours, sinon que c'était une marée de 115 et que la mer allait se retirer très loin, au-delà des bouchots, au point de ne laisser qu'un fleuve d'eau vive entre la côte et l'île de Ré.

Le matin, on se disait à peine bonjour. Des charrettes franchissaient la digue de gros galets, s'acheminaient, dans le sable semé de rochers, vers les parcs à huîtres ou vers les coffres aux lourdes ferrures contenant les moules récemment ramassées.

— Salut!...
— Salut, Pierre...

Le plus souvent un simple geste de la main. Il faisait froid. Le sable n'avait pas encore absorbé les flaques d'eau. Jean emportait son pousse-pied, car il voulait profiter d'une mer aussi basse pour replanter des pieux au plus loin de son bouchot.

On débouchait comme dans des champs, sauf que c'étaient des champs d'huîtres d'une part, des champs de moules de l'autre et que tout à l'heure on ne verrait plus, là où maintenant s'arrêtaient les charrettes, que l'océan uni.

Dans la grisaille de l'aube, Jean reconnut le fichu rouge de Marthe, car elle était la seule à porter sur ses cheveux un foulard écarlate qu'on voyait de loin. Elle allait travailler à deux ou trois cents mètres de lui, à ramasser des huîtres, comme tante Hortense.

Il y eut bien un petit fait anormal, mais pas encore inquiétant : tandis que tous marchaient comme en rêve sans s'occuper les uns des autres, Marthe obliqua, vint à Jean et lui dit :

— Il faudra que je te parle.

Puis elle s'éloigna. Il avait semblé à Jean qu'elle avait un vilain visage sous son fichu rouge, mais personne n'était beau à cette heure, dans le froid, dans le gris, la peau pas nettoyée et les paupières mal décollées.

Il se mit au travail, maniant la masse pour enfoncer les pieux dont certains se fendaient.

Et, comme les autres jours, le soleil se leva sans qu'on y prît garde. On en avait tellement l'habitude, ainsi que du paysage, qu'on n'y faisait pas attention. C'était un soleil très clair, un ciel qui n'était pas bleu comme ailleurs et qui était pourtant d'une pureté extrême.

Il est vrai qu'on n'était pas dans le monde ordinaire; on n'était ni sur terre, ni sur mer, et l'univers, très vaste, mais comme vide, ressemblait à une immense écaille d'huître, avec les mêmes tons irisés, les verts, les roses, les bleus qui se fondaient comme une nacre.

L'île de Ré, par exemple, ou plutôt sa mince ligne d'arbres, restait suspendue dans l'espace à la façon d'un mirage.

Le Coup de Vague était à peine plus réel : une maison rose, mais d'un rose trop rose, avec un filet de fumée prolongeant la cheminée juste au-dessus des galets de la côte, là où les charrettes, tout à l'heure, reprendraient le contact avec la terre ferme.

Et il y avait des vaches, dans le pré, des vaches que tante Émilie était occupée à traire et qui, de loin, n'avaient pas l'air de vraies vaches. Et pourtant, parfois, la brise apportait l'écho d'un beuglement.

Chacun, sans s'occuper du voisin, labourait son lopin de mer, récoltait de pleins paniers de moules qu'on emportait jusqu'aux tombereaux dont les chevaux s'enlisaient. Les petits garçons et les petites filles couraient sur les bouts de rocher et aidaient les femmes à ramasser les huîtres.

La mer suivait sa route, s'en allait tout là-bas, calmement, puis revenait sans hâte, frangée d'un ourlet blanc qui chantait comme un ruisseau.

Qu'est-ce que Marthe avait à dire? Pourquoi de temps en temps s'arrêtait-elle de travailler et regardait-elle du côté de Jean, en tenant la main en visière devant ses yeux éblouis par le soleil?

— Tu viens m'aider? demanda tante Hortense quand les paniers furent pleins.

Jean était grand et large, mais sa tante était aussi grande et large que lui, plus dure encore d'aspect, osseuse, solide, de la même chaux que les huîtres et le rocher.

Ils saisirent les paniers, chacun par une anse.

— Hep!...

Point n'était besoin de regarder l'heure, ni de consulter l'annuaire des marées. Tout le monde chargeait les moules, tout le monde savait que la mer était là, à cent mètres encore, mais que ces cent mètres étaient ceux qu'elle parcourait le plus vite.

Les paniers en place, Jean retira un de ses chandails, car maintenant il faisait chaud, chercha des yeux le foulard rouge et le vit non loin de lui, comme en attente.

Alors il esquissa un geste qui signifiait :

— Je vais venir...

Pendant un certain temps, il marcha près de sa

charrette, avec la tante. Puis il s'arrêta, comme pour arranger ses bottes dont il avait fait tomber les cuissards. Il attendit Marthe, demanda sans trop de curiosité :

— Qu'est-ce que c'est?

Cette fois, il fut inquiet de la voir si pâle, les yeux cernés, alors que le soleil était déjà haut. Elle avait une façon anxieuse de regarder autour d'elle, comme si elle allait révéler un terrible secret.

— Je ne t'ai pas vu hier... commença-t-elle.

— J'étais à Rochefort...

— Je sais... Je t'ai attendu... Je voulais t'annoncer...

Elle avait peur de lui! A la manière dont elle l'épiait, on aurait pu penser qu'elle s'attendait à recevoir un coup.

— ... Je suis enceinte, Jean!

Ils étaient à moitié chemin. La maison rose avait grandi, les vaches étaient devenues de vraies vaches et on entendait des chants d'oiseaux. Tante Hortense se retournait et Jean quittait Marthe en balbutiant :

— Je te verrai tout à l'heure...

Il ne savait plus ce qu'il faisait, s'il marchait ou s'il courait. Il aidait machinalement le cheval à hisser le tombereau sur la digue et il avait froid au milieu du dos, voyait toujours, malgré lui, la tache rouge du fichu de Marthe dans l'univers bleu, vert et or.

Il aurait été bien en peine de préciser, un peu plus tard, comment il était entré dans la cuisine, après avoir retiré ses bottes, et à la suite de quels mouvements il était assis là, devant la grande table qu'éclairait une fenêtre carrée, cependant que tante Émilie, debout devant le poêle, remplissait de café les bols de faïence à fleurs bleues.

Tout de suite après l'église, chez Mlle Gléré, où il y avait trois jeunes filles à apprendre la couture, c'était à qui se précipiterait à la fenêtre quand on entendait de loin la moto de Jean.

Et si l'une d'elles n'était pas là, elle questionnait ensuite :

— Quel costume avait-il mis?
— Son gris...
— Moi, je l'aime mieux en bleu marine...

D'autres filles en parlaient. Presque toutes.

— Dimanche, à La Rochelle, il était deux rangs devant moi au cinéma.
— Avec Marthe?
— En tout cas, il ne faisait pas beaucoup attention à elle...

Jusqu'à une gamine de treize ans, aux longues jambes, qui, à la soirée, se hissait sur le vélo de son frère pour aller rôder autour du Coup de Vague!

Il avait vingt-huit ans, mais ce n'était pas un garçon comme les autres, peut-être parce qu'il avait toujours vécu avec ses tantes. Tout grand et fort qu'il fût, brun de poil, il paraissait très doux, à cause de ses yeux bleu clair, aux longs cils soyeux, qui lui donnaient un regard de fille.

— Tu ne manges pas? s'étonnait tante Émilie qui, au contraire de sa sœur, paraissait fluette, souffreteuse, éternellement repliée sur elle-même.

— Pardon...

D'où revenait-il? De sa place, il voyait toujours la mer, des barques que le flot redressait enfin, un dernier tombereau qui gravissait la digue.

— Qu'est-ce que tu as?
— Moi?

Il n'avait rien. Il ne savait pas. Il avait besoin de

réfléchir. N'importe quoi aurait pu arriver sans parvenir à le troubler. Mais ça !

Il fut ainsi durant la plus grande partie de la journée, avec ses grands yeux fixés sur Dieu sait quoi et ce tressaillement soudain quand on lui adressait la parole.

C'était au point qu'un peu plus tard il ne se souvenait plus si tante Hortense était à table ou non ce matin-là. Elle devait y être. Elle y était certainement. Mais il n'en gardait aucune image dans la mémoire. Et il avait toujours ce regard indécis de ceux qui ont fixé trop longtemps le soleil.

Dans la cour, Pellerin, le valet, qu'on appelait le contremaître parce qu'il s'était intitulé ainsi de son propre chef, transbordait les moules de la charrette dans le camion automobile, après les avoir calibrées. Puis tante Hortense passait dans le bureau pour préparer les bordereaux d'expédition et les étiquettes.

Il y avait encore ceci de pratique : la nécessité d'accomplir certains gestes, d'aller ici ou là, maintenant de se mettre propre, tout à l'heure de grimper sur le siège du camion pour gagner la gare de La Rochelle et là, dans la cour de la Petite Vitesse, où on retrouvait les habitués, de remplir des formalités familières.

Jamais il n'avait pensé que Marthe pourrait être enceinte ! A plus forte raison ne s'était-il pas demandé ce qu'il ferait en pareil cas !

Il la voyait presque chaque soir, depuis Noël. Et, à tout prendre, ce qui lui avait plu en elle, c'était peut-être son parfum plutôt qu'autre chose. Elle était jolie, mais pas extraordinairement. Elle aimait les couleurs vives. Elle était gaie, plus gaie que les autres, plus entreprenante. Elle affectait de se moquer des garçons.

Un soir, il avait remarqué qu'elle se dirigeait en vélo vers le bois de la Richardière, qu'il apercevait de chez lui, y était allé à travers champs, et avait trouvé Marthe qui feignait de se reposer.

— Vous venez souvent vous promener par ici? lui avait-elle demandé.

C'était devenu une habitude. Truffaut, le braconnier, les avait surpris quinze jours après, la première fois que Jean osait un geste décisif. Mais Truffaut n'avait rien dit, sinon on en aurait eu des échos. Les filles du pays se doutaient de quelque chose, souriaient quand Jean et Marthe dansaient ensemble à un bal et feignaient ensuite de se quitter.

— C'est ma poudre... avait affirmé Marthe un soir qu'il lui parlait de son parfum.

— De la poudre à quoi?

— A l'iris...

Qu'allait-il faire? Il prenait son temps, soit, gagnait la gare, parlait à chacun comme si de rien n'était, rentrait à Marsilly en oubliant d'ailleurs une commission que tante Émilie lui avait donnée, montait dans sa chambre et s'asseyait sur son lit.

En réalité, cela le rendait malade. Il en avait l'estomac barbouillé comme quand on a trop bu. Il essayait de penser et il ne pensait pas du tout, parce qu'en somme il n'y avait pas à penser. C'était simple! Ou bien il épousait Marthe, ou il ne l'épousait pas...

Mais non! C'était moins simple, puisque, en plus, il y avait chez lui un certain attendrissement. Du coup, Marthe n'était plus Marthe, la Marthe du bois de la Richardière. Il la revoyait avec ses yeux cernés du matin et, peu à peu, il en exagérait le cerne, et l'amertume de la bouche, la pâleur du teint.

— Elle doit beaucoup souffrir... Qui sait? Elle va peut-être mourir?...

Et c'était lui...

— Jean! criait d'en bas tante Hortense. Tu as téléphoné à M. Priollet?

— Non!

— Quand est-ce que tu le feras?

— Tout à l'heure...

Il avait une des plus jolies chambres de Marsilly, avec des cretonnes à fleurs, une bibliothèque à portée de la main quand il était au lit, des vases sur les meubles et un tapis par terre.

Mais qu'allait-il faire? Et qu'est-ce que ses tantes diraient quand...

Il en fut vraiment malade des heures durant. Il ne savait où se mettre. La maison continuait son existence quotidienne et il ne parvenait pas à s'y mêler.

Il était cinq heures quand il descendit de sa chambre, l'air décidé, ayant pris en effet la décision de parler à la première de ses tantes qu'il rencontrerait.

C'était tricher. Il se disait que ce serait Hortense qui, à cette heure-là, se tenait d'habitude au bureau.

Or, il ne la vit pas et se trouva en face de tante Émilie occupée à nourrir les poules et les lapins.

Il n'avait pas beaucoup prêté attention à ce qui se passait autour de lui, mais le souvenir qui lui resta fut celui d'une journée magnifique, d'une journée rare, tiède et lumineuse, avec une mer aussi douce que du lait, même quand, à la marée haute, elle venait lécher le sommet de la digue comme le bord d'un vase trop rempli.

— Tante Émilie... Je voudrais te dire un mot...

Il ne lui parlerait pas dans la cuisine ni dans le bureau, où ils risquaient d'être assis face à face et où l'entretien deviendrait trop solennel. Il préférait profiter du moment où elle traversait le potager, son seau de maïs à la main.

— Je t'écoute...

Les radis sortaient de terre. Les laitues étaient bonnes à repiquer.

— Je crois qu'il va falloir que je me marie...

Il parlait aussi légèrement que possible, en regardant ailleurs, comme s'il s'agissait d'une question sans importance.

— Ah!

— Quand je dis « il faut », tu dois me comprendre... Marthe m'a annoncé ce matin qu'elle allait avoir un enfant...

— Marthe Sarlat?

Bien sûr, Marthe Sarlat! C'était encore sa chance! Avec une autre, les difficultés eussent été moindres. Mais du moment qu'il s'agissait de la fille de Justin Sarlat, l'ancien maire, qui ne faisait rien de bon et qui passait ses journées à jouer aux cartes à la terrasse du café...

— Tu en as parlé à tante Hortense?

— Pas encore.

— Tu es sûr que c'est de toi?

Il ne pouvait pas répondre. C'était trop bête! La vérité, c'est que, la première fois, il s'y était si mal pris qu'il n'avait rien observé. Ce n'est qu'après qu'il s'était demandé si Marthe était aussi innocente qu'elle avait voulu le paraître.

— Oui, tante...

— Pourquoi fais-tu cette tête-là?

— Je fais une tête?

— On dirait que tu suis un enterrement...

Il tenta de sourire.

— Mais non! Je t'assure...

— Tu l'aimes?

— Mais...

Il ne voulait pas appuyer. Il tenait à rester dans le vague, à faire son devoir, sans plus, sans prendre vis-à-vis des événements une attitude trop catégorique.

Tante Émilie, comme Hortense, était toujours vêtue de noir et toujours aussi elle gardait ce calme, cette dignité qui faisaient des deux sœurs des êtres à part dans le pays.

— Mon pauvre Jean!...

Un petit soupir. Elle ne levait pas les bras au ciel, n'entamait pas une scène dramatique comme il l'avait appréhendé.

— Non... Je crois que je serai heureux... C'est une bonne fille...

— Tu crois?

— Elle m'aime...

Ils se turent en arrivant près de Pellerin qui binait les pommes de terre. Ou plutôt Émilie murmura en guise de conclusion :

— Ne t'inquiète pas... J'en parlerai à Hortense...

Quant à lui, il prit sa moto et alla passer la soirée tout seul à La Rochelle.

Encore un pan blême de ciel, et les charrettes à la queue leu leu sur le sable et le rocher, l'air froid, la mer s'échappant au loin et quelque part le foulard insistant de Marthe pareil à un signal de détresse.

Jean put s'approcher d'elle, rien qu'un instant, pour lui souffler :

— J'ai parlé à mes tantes...

Elle ne dut pas comprendre, ou alors elle ne le crut pas, car elle parut désorientée, prête à pleurer.

Lui travailla comme si son sort eût dépendu de ses coups de masse, ne vit rien de l'aurore, se retrouva debout, en nage, le dos mouillé, près du tombereau et, cherchant sa tante Hortense des yeux, l'aperçut à cent mètres de là, en conversation avec Marthe.

Il ne rejoignit pas les deux femmes, acheva seul le chargement des moules, attendit sa tante et fut encore un quart d'heure avant de parler.

— Qu'est-ce qu'elle dit?
— Qu'est-ce qu'elle dirait?
— Que va-t-on faire?
— Ne t'inquiète pas de ça.

Il ne s'en inquiéta pas. La journée, comme la précédente, fut exceptionnelle, pleine de chants d'oiseaux, de soleil partout, de parfums de fleurs, de taches vibrantes, avec ces premières moiteurs d'été qui font jaillir une volupté des moindres gestes.

Quand Jean, en camion, traversa la place, il vit Sarlat, le père de Marthe, qui buvait déjà un apéritif couleur d'opale en compagnie des gens du four à chaux.

Tout était bon à Sarlat. Il passait sa vie devant les guéridons verts du café, tantôt avec l'un, avec l'autre, tantôt avec des voyageurs de passage, jouant aux dés, aux cartes, causant politique ou rénovation de l'huître.

Il n'était pas bête. On disait qu'il avait sa licence en droit. Il venait du sud de la France et il avait épousé Adélaïde, la fille des Boussus, celle qui louchait et qu'on ne rencontrait jamais dans les rues du village.

Était-il vrai qu'il la battait et qu'elle passait la plus grande partie de ses journées à pleurer? Était-il vrai qu'il l'avait presque complètement ruinée et qu'un jour ou l'autre on vendrait la ferme à l'encan? Était-il vrai qu'il avait des protections en haut lieu et qu'on le verrait un jour député?

Tout cela se murmurait et lui, en attendant, vêtu de clair comme un homme de la ville, jouait aux cartes, buvait des apéritifs, ou tirait des plans prestigieux, comme celui de la vedette.

Une vedette ultra-rapide, qu'il avait rachetée à la Marine, avec deux moteurs de deux cents chevaux.

Il prétendait aller chercher les huîtres à l'île d'Oléron pour les transplanter dans les bouchots, mais depuis un an qu'on travaillait à la vedette les moteurs n'avaient jamais voulu partir.

Jean pensait à cela et à autre chose, autant dire à rien, à ses tantes, à sa moto dont il projetait de changer le carburateur pour dépasser le cent trente et à ce qu'Hortense avait pu raconter le matin à Marthe.

Le mieux n'était-il pas d'éviter de s'en occuper? Elles étaient trois femmes, Marthe comprise, qui savaient ce qu'elles faisaient. Cela ne le regardait plus! Elles régleraient tous les détails. Il se marierait et...

Il aimait la grande cour pavée de la Petite Vitesse, vers onze heures du matin, quand ils étaient dix ou douze, avec des camions et des charrettes, à venir charger ou décharger des wagons. C'était un bon moment à passer, après quoi on se retrouvait au bistrot de derrière les grilles pour l'apéritif. De là, on voyait les bateaux du port de La Rochelle. L'air épais donnait de la paresse.

Puis, il y avait toujours un plat mijoté, des odeurs de cuisine éparses dans la maison.

— Il faudrait que tu ailles à Saintes cet après-midi... annonça tante Hortense.

— Pour quoi faire?

— Quelqu'un qui nous demande les prix courants...

— On ne peut pas les envoyer?

Pour quelle raison protestait-il? Il était très content d'aller à Saintes en motocyclette, surtout que la route était bonne et qu'il avait là-bas un camarade.

Il ne rentra qu'à sept heures et n'aperçut pas Marthe sur la route. Cela valait mieux. Qu'auraient-ils pu se dire?

Dans le bureau, où il devait rendre compte à tante Hortense de sa commission, il marqua un temps d'arrêt, car il lui semblait reconnaître l'odeur de Marthe, le fameux parfum d'iris.

— Qu'as-tu?

— Rien... Elle est venue?

— Qui?

— Marthe...

— Ne t'occupe pas de cela pour l'instant... Ils acceptent notre prix?

— A condition de ne pas nous garantir une quantité déterminée...

La cour, avec ses poules, ses dindons blancs, ses pigeons auxquels des mouettes venaient se mêler... Le potager, derrière le hangar... L'écurie... Et la maison dont chaque pièce était dans un ordre parfait, le soleil qui baissait et qui entrait presque horizontalement par les fenêtres...

Pellerin, chaussé de bottes de cuir comme un régisseur et non de sabots comme un valet, venait demander avec dignité :

— Je peux m'en aller?

— Vous pouvez aller, Pellerin...

On ne le tutoyait pas. Il y tenait. Les sœurs Laclau ne voulaient pas de domestiques à demeure et Pellerin, qui avait une bicoque au village, où sa femme élevait des dindons, était à cheval sur les questions de nuances.

— Bonsoir, mademoiselle Hortense, bonsoir, monsieur Jean...

Les heures se fondaient les unes dans les autres comme les tons se fondaient dans le ciel. Après le dîner, Jean alla à pied au village, avec l'idée qu'il rencontrerait peut-être Marthe et lui parlerait. Il ne le désirait pas. Mais il pensait qu'il y était un peu obligé.

Des gens étaient assis sur les seuils des maisons blanches. Il fallait tout le temps lever la main.

— Bonne nuit !...
— Bonne nuit, monsieur Jean...

Des fenêtres s'éclairaient, d'autres pas, et la nuit mettait du bleu sur la crudité des façades.

— Salut, Jean...
— Salut...

Chez les Sarlat, le store était baissé et on venait seulement de se mettre à table, car on entendait des bruits de cuillers et d'assiettes.

Il ne vit pas Marthe. Le lendemain, elle ne vint pas au bouchot. Il demanda à tante Hortense :

— Qu'est-ce qu'elle a ?
— Laisse ! Ce sont des histoires de femmes...

Il insista d'autant moins que ce domaine mystérieux l'avait toujours impressionné. Au dernier moment, un petit vent rageur empêcha de travailler comme on l'aurait voulu, mais il tomba vers dix heures du matin, alors qu'à la maison Jean s'apprêtait à gagner La Rochelle en camion.

En somme, cela faisait trois jours, mais trois jours fondus de telle sorte qu'il ne les distinguait pas les uns des autres. Le hasard voulut qu'à la gare il prît deux apéritifs au lieu d'un. Quand il rentra au Coup de Vague, tante Hortense était déjà habillée pour sortir.

II

La moto était restée deux rues plus loin, à proximité de chez la sage-femme. Un instant Jean fut sur le point d'aller la chercher, mais il ne s'éloignait pas volontiers de cette maison où Marthe se trouvait toujours et où, sans raison précise, il avait l'impression qu'elle devait crier.

Il se sentait plus que mal à l'aise : malade. Et comme il ne pouvait rester campé sur le trottoir, il avisa, près d'un maréchal ferrant, une porte entrouverte et surmontée du mot buvette.

La rue était une petite rue sans passage et Jean ne s'était pas demandé ce que cette buvette faisait là. Il fut renseigné aussitôt par une voix qui sortit de l'ombre :

— Hé ! Jean... Qu'est-ce que tu cherches par ici ?

Il reconnut Jourin, un cultivateur d'Esnandes, qui avait dû laisser sa voiture dans une rue voisine. Jourin avait sa casquette sur la tête, comme toujours, sa pipe courbe qui lui pendait de la bouche et ses yeux égrillards, sa peau lisse et tendue d'animal florissant.

Il se tenait debout devant un étroit comptoir, mais il régnait une telle pénombre dans le café qu'on ne distinguait les détails que petit à petit. Ainsi Jean futil un moment à découvrir les traits de la femme qui se tenait de l'autre côté du comptoir, une femme grasse et molle, entre deux âges. Elle souriait d'un sourire presque maternel tandis que Jourin, pour n'en pas perdre l'habitude, lançait, avec un clin d'œil vers la commère :

— T'es venu faire une saillie?

C'était sa préoccupation dominante et, dans un rayon de cinquante kilomètres, on était sûr de voir son auto s'arrêter devant toutes les maisons offrant des possibilités d'amour facile.

— ... que tu bois, Jean? C'est ma tournée...

Il y avait un petit verre devant lui, un autre devant la femme. Une porte était entrouverte, laissant voir un réchaud à gaz non loin d'un lit à couverture rouge.

— Dis donc! Je lui racontais... Enfin, je lui racontais sans lui dire tout, bien sûr... Le jour du conseil d'administration à la laiterie de Fétilly...

Jean voulait s'en aller, n'attendait que l'occasion. La porte du docteur ne s'ouvrait toujours pas et il ne pouvait imaginer ce qu'on faisait pendant si longtemps à Marthe.

Par bonheur Jourin n'avait pas besoin qu'on lui donnât la réplique. L'œil noyé, il suivait sa pensée, n'en exprimait que les points culminants :

— Trois, qu'on y a passé, et le père Lajeaume en dernier!... Le père Lajeaume avec ses soixante-cinq ans!... J'y disais :

« — Faut-y que j't'aide? »

Aux fenêtres du docteur pendaient des rideaux comme dans une maison bourgeoise, si bien qu'on ne savait pas laquelle des pièces était le cabinet de consultation.

— Tu te rappelles, Jean?... Je parle du père

Lajeaume... T'as revu Nine, toi?... Paraît qu'elle a failli se plaindre à la gendarmerie...

C'était vieux de plus d'un mois, mais Jourin en parlerait encore dans dix ans. Un jour qu'ils sortaient du conseil d'administration de la laiterie coopérative, ils s'étaient mis à boire, à cinq ou six. Puis ils n'étaient restés que trois. Ils avaient pris place dans la voiture de Jourin et cette voiture, comme certains chevaux, semblait s'arrêter d'elle-même devant les maisons où son maître fréquentait.

C'est ainsi qu'ils étaient descendus tous les trois chez Nine, un café du bord de la route, où ils avaient continué à boire. Nine était une sorte de jument moustachue au langage encore plus cru que celui de Jourin, à l'érotisme débordant et vulgaire.

On l'avait saoulée. Puis, comme Jourin voulait la prendre devant les autres et qu'elle s'était débattue, on l'avait attachée sur le lit, les mains et les pieds aux quatre coins.

Jean était ivre aussi. Il avait fait comme les autres, mais c'était Jourin, encore, qui avait eu l'idée, à certain moment, de remplacer l'eau chaude par du vin rouge.

— Tu te souviens?... Celle-ci, je crois bien qu'on n'aurait pas besoin de l'attacher...

Et Jean comprenait l'invite. L'autre n'était pas assez saoul pour se montrer plus catégorique, mais il n'y aurait eu qu'un signe à faire : ils seraient entrés tous les deux dans la chambre de derrière...

— Faut que je m'en aille, dit-il.

L'estomac n'allait pas. L'estomac et la tête. La porte d'en face restait toujours close. Peu lui importait ce que ferait Jourin dès qu'il serait parti.

— Qu'est-ce que je vous dois?

L'idée que cette grosse femme douceâtre, tout à l'heure, allait faire certain geste...

Il bouscula quelqu'un, sur le trottoir, ne s'excusa pas. Au moment où il allait sortir de la rue, un taxi y entrait et il le suivit des yeux avec une stupeur effrayée, sûr qu'il s'arrêterait devant chez le docteur.

Et il s'y arrêta, en effet. On le laissa stationner dix minutes, puis la porte s'ouvrit et Jean eut juste le temps de se cacher dans une encoignure. Sa tante paraissait la première sur le trottoir, regardait à gauche et à droite, rentrait dans la maison, revenait en tenant par le bras Marthe qui marchait avec peine.

Marthe installée, tante Hortense resta un bon moment penchée vers le chauffeur comme pour lui faire des recommandations et la voiture partit enfin sans elle.

Jean ne rentra au Coup de Vague qu'à huit heures du soir, alors que ses tantes avaient dîné et que son couvert seul était encore sur la table. Sans dire bonjour, il pénétra dans la grande cuisine qui servait de salle à manger, se laissa tomber sur une chaise et, d'un geste las, repoussa son assiette.

Il était éreinté. Des relents d'alcool flottaient autour de lui et on voyait de la poussière blanche sur son veston, comme s'il se fût couché sur les galets du bord de mer.

Hortense était placide, peut-être plus que d'habitude. Tante Émilie, nerveuse, procédait à des rangements qui lui permettaient d'aller et venir.

— Tu ne manges pas?
— Je n'ai pas faim.
— Où es-tu allé?

Alors il redressa la tête et osa prononcer, en regardant sa tante Hortense dans les yeux :

— Et toi?

— Que veux-tu dire?

Tante Émilie préférait tourner le dos, passer sous un prétexte dans la pièce voisine. L'air sentait la soupe. Le réveille-matin, sur la cheminée, battait la mesure à une vitesse folle.

— Qu'est-ce que tu as fait avec Marthe?

— Qui te l'a dit?

— Je vous ai vues.

Mais tante, prudente, exigeait des précisions.

— Où?

— Chez Mme Berthollat.

— Qu'y a-t-il là d'extraordinaire? Marthe m'avait demandé de l'accompagner...

Ce qui étonna Jean, c'est de penser soudain que sa tante aussi était une femme, que sous sa carapace de vêtements elle avait un corps féminin. Or, ce jour-là, la féminité lui inspirait une pitié mêlée de dégoût.

— Qu'est-ce qu'on lui a fait? répéta-t-il en regardant ailleurs.

Il n'avait déjà presque plus le courage de lutter. Il se leva, ouvrit un placard, saisit le carafon d'eau-de-vie dont il se servit un verre.

— Pourquoi demandes-tu ça?

— Parce qu'après vous êtes allées toutes les deux chez le docteur Garat et qu'on a dû ramener Marthe en taxi.

— Elle est revenue toute seule.

— En taxi, oui!

Et il s'attendrissait en évoquant la silhouette de Marthe qui pouvait à peine marcher et que tante Hortense soutenait jusqu'à l'auto. Des détails lui revenaient, auxquels il ne voulait pas penser, des souvenirs du petit bois de la Richardière, surtout des premiers temps quand, d'avance, Marthe devenait pâle et le regardait anxieusement dans l'attente de la douleur.

Pourtant, on lui avait assez répété qu'il n'était pas le premier et que le fils Vexin, de La Rochelle...

Il aurait voulu secouer tout cela d'un seul coup. Debout dans la cuisine, il était énorme, la tête touchant presque l'ampoule électrique. Et tante Hortense restait debout aussi, pour se sentir à égalité.

— Tu l'as forcée à avorter, hein? finit-il par prononcer en prenant une pipe au râtelier.

— C'est elle qui l'a voulu.

— Pourquoi?

— Tu ne comprends pas, non? Tu crois que cette fille n'a pas senti que tu n'avais pas envie de te marier?

— Je n'ai jamais dit ça! protesta-t-il sans conviction.

— Mais ça se devine. Elle n'a jamais pensé que vos petites histoires étaient sérieuses. Alors, plutôt que d'être malheureuse toute sa vie et de te rendre malheureux...

Il retrouvait en lui des coins de sérénité. C'était vrai, après tout, ce que disait sa tante! Il n'avait jamais projeté de se marier. Quant à Marthe, comment était-ce arrivé? A bien chercher, tout au début, il avait seulement voulu faire le malin, parce qu'on racontait qu'elle couchait avec Lucien Vexin, le fils d'un armateur qui courait les fêtes de village.

Elle avait un drôle de petit visage. Puis cette odeur d'iris... Et encore le fait qu'elle se montrait si docile alors que son père était une mauvaise tête... Est-ce que Justin Sarlat avait entendu dire que Jean était l'amant de sa fille?

— Qu'est-ce qu'elle va lui raconter? se surprit-il à prononcer à voix haute, continuant sa pensée.

— A qui?

— A son père.

— Elle a dû quitter le taxi avant l'église... Il ne l'aura pas vue rentrer... Elle pourra toujours prétendre qu'elle a pris froid à un mauvais moment...

Il lui jeta un vilain regard. Il avait horreur de ces détails. Et, machinalement, il prit sur la table une tranche de saucisson qu'il mangea.

— Tu ne veux pas un peu de soupe?

— Non!

Déjà il devenait hésitant.

— Crois-moi, Jean, ne t'occupe pas de ça... C'est entre femmes qu'on s'arrange le mieux...

Bien sûr! Seulement il ne pouvait pas empêcher son esprit de travailler. Et il s'apercevait, à vingt-huit ans, qu'il existait des sujets auxquels il n'avait pour ainsi dire jamais pensé.

Les femmes... Les femmes qui...

Et sa mère, alors? La langue lui démangeait. Il faillit en parler tout à trac, mais tante Émilie rentrait avec un tricot et s'installait près du poêle.

Pourquoi sa mère n'avait-elle pas agi comme Marthe? Car elle n'était pas mariée non plus. Et son père, le frère d'Hortense et d'Émilie, venait à cette époque de partir pour le Gabon où il devait mourir.

C'était une tête brûlée, soit, un peu dans le genre de Sarlat. Mais sa mère?

— Ne nous questionne jamais là-dessus, avait prononcé un jour Hortense. Il est inutile de remuer des souvenirs pénibles. Ta pauvre mère est morte en te mettant au monde.

Et Marthe?

Oui! Tout cela s'embrouillait, et, pris de malaise, il

ne pouvait tenir en place, ne savait que faire ni que dire.

— Elle a beaucoup souffert?

C'était de Marthe qu'il parlait, mais il aurait pu tout aussi bien parler de sa mère.

— Mais non! Ce n'est pas si douloureux qu'on pense...

Qu'en savait-elle? Et tante Émilie, qui détournait son visage de religieuse?

— Que veux-tu que je lui dise, quand je la verrai?

— Tu n'auras rien à lui dire... Vous resterez bons amis...

Tant pis! Il préférait monter se coucher et il eut une hésitation au moment de baiser tante Hortense au front, comme les autres soirs.

— Surtout, ne te fais pas de mauvais sang! Tu verras que tout s'arrangera. Les hommes ne peuvent pas comprendre...

Sûrement la journée la plus désagréable de sa vie, désagréable dans un mauvais sens, dans le sens de grinçant, de pas sain, de pas très propre. Pourquoi n'irait-il pas sonner chez Sarlat et?...

Il était trop tard, à présent. C'était fait! Il se coucha, tourna le commutateur et entendit monter jusqu'à lui un chuchotement régulier, monotone, celui des deux femmes, en bas, qui semblaient réciter des litanies.

L'alcool qu'il avait bu l'aida à s'endormir. Il n'avait pas encore commencé à rêver qu'il sursautait, arraché de son sommeil par des coups violents frappés contre les volets du rez-de-chaussée. Chose qui ne lui était jamais arrivée, car il n'était pas peureux, il resta un bon moment en proie à des palpitations et une de ses tantes eut le temps de se lever, d'ouvrir la fenêtre, de questionner sans émotion :

— Qu'est-ce que c'est?

— Je voudrais téléphoner pour un docteur, fit, de la route, la voix de Sarlat.

Jean ne bougea pas. Il avait froid. La fenêtre se refermait. Tante Hortense passait un vêtement, glissait sur le parquet ciré, allumait dans l'escalier.

C'était déjà arrivé, l'année précédente notamment, pour un incendie. Le Coup de Vague avait le téléphone numéro 1 et, le soir, était relié directement à La Rochelle. En cas de force majeure, les gens de Marsilly avaient le droit de venir téléphoner.

Jean se leva et, pieds nus, alla se coller contre sa porte pour entendre.

— Entrez, Justin...

Car Sarlat et les tantes, qui étaient à peu près du même âge, avaient été à l'école ensemble.

— Il y a quelque chose qui ne va pas?

Jean fut écœuré par cette hypocrisie paisible, écouta encore.

— Je sais que le docteur de Nieul est en vacances, grommelait Sarlat. Ma fille n'est pas bien et je vais téléphoner à quelqu'un de La Rochelle...

— Au docteur Garat! eut le toupet de proposer Hortense.

— C'est un bon?

— Je crois... On en parle... Je vous verse un petit coup de quelque chose, Justin?... Vous n'avez pas l'air d'être dans votre assiette...

— Ce sont ces hémorragies... Depuis une demi-heure que ça dure...

Jean se recoucha, enfouit son visage dans l'oreiller, ne voulut plus rien entendre, ni la sonnerie du téléphone, ni les mots qu'on disait, ni sa tante qui reconduisait Sarlat, ni enfin les deux femmes qui murmuraient dans la chambre voisine.

Il n'y avait rien à faire, qu'attendre! Attendre le lendemain. Et alors, qui sait, ce serait peut-être la catastrophe, les gendarmes qui viendraient le chercher, le juge d'instruction et cette atmosphère grise et pesante de réprobation générale et de dégoût qui entoure les affaires d'avortement?

Il ne pleura pas, mais il était ruisselant de sueur, avec des frissons au milieu du dos, et il ne se rendit pas compte qu'il s'endormait, qu'il ne faisait que se tourner et se retourner dans son lit dont l'oreiller roula par terre et dont il retrouva le matin les draps roulés en boule.

Les charrettes passaient, vers la mer, avec les femmes en culottes bouffantes et en sabots, les hommes mal réveillés, les chevaux comme en bois. Le morceau de clarté blême était à sa place dans le ciel et on entendait des heurts dans l'écurie où Pellerin attelait la jument.

Jean écouta pour s'assurer que les autres bruits de la maison suivaient le rythme habituel et il comprit que le gaz était allumé, en bas, chauffant le café dans le poêlon d'émail bleu; et que tante Hortense s'habillait...

Il était aussi courbatu que par une forte grippe et il allait essayer de se rendormir quand il pensa que, si on ne le voyait pas au bouchot, cela ferait jaser.

En bas, en buvant son café, il ne parla pas à sa tante, qu'il se contenta de regarder de ses yeux fatigués.

— On fait trente paniers! lui annonça-t-elle.

— Bon...

Il mit ses bottes, ses deux chandails. La charrette

prit la file dans l'exode quotidien vers les champs de moules.

— Salut!... se criait-on de loin.

— Salut!...

Tout le monde savait déjà que la fille à Sarlat avait été malade pendant la nuit et qu'il avait fallu faire venir un médecin de La Rochelle. On savait aussi que Jean...

Mais c'était l'heure de s'occuper des moules.

Ce ne fut qu'à table, vers dix heures du matin, alors qu'on cassait la croûte dans le soleil, que tante Hortense murmura en observant Jean :

— Tu n'es pas bien. Je crois que j'irai à La Rochelle avec toi.

— Pourquoi faire? osa-t-il protester.

— J'ai d'ailleurs des commissions... N'est-ce pas, Émilie?

Ce n'était pas la peine de lui mentir. Il avait compris. On craignait qu'en passant, à l'aller ou au retour, il allât prendre des nouvelles de Marthe, ou encore qu'à La Rochelle il se rendît chez le docteur Garat.

Or, chez le docteur, Hortense voulait y aller elle-même.

— Peut-être pourrais-tu rester ici? proposa-t-elle. Pellerin conduira...

— Il vaut mieux qu'il t'accompagne, insinua doucement Émilie.

Et Jean les regarda l'une après l'autre, découragé d'avance.

Les gens qui connaissaient mal les deux sœurs parlaient surtout d'Hortense :

— Une maîtresse femme, solide comme un homme, qui fait tout marcher à la baguette!

Et c'était vrai qu'Hortense s'occupait des huîtres, du bouchot et de la vente des moules. Même, quand Jean était enfant et qu'il n'existait pas encore de camions automobiles, c'était elle qui conduisait la charrette en ville et qui déchargeait les paniers dans la cour de la Petite Vitesse.

Émilie, elle, sortait moins, entretenait peu de rapports avec les gens, soignait les bêtes, allait avec Pellerin dans les champs et jamais pourtant elle n'avait l'air de travailler. Toujours en noir, elle était propre du matin au soir, un doux sourire aux lèvres. Elle marchait à pas si feutrés qu'on était tout surpris de se trouver soudain devant elle et, quand elle parlait, c'était d'une voix monotone :

— Il vaut mieux que tu fasses ceci...

Jamais Hortense ne discutait, si bien que c'était peut-être, en définitive, Émilie qui dirigeait la maison.

Ainsi, maintenant, sentant Jean grignoté par l'incertitude, elle avait soin de lui annoncer :

— Cette nuit, il y a eu une fausse alerte... Enfin, tout s'est bien terminé... Le docteur est revenu ce matin et affirme que ce ne sera rien...

Le mot frappa Jean comme un calembour.

— *Ce ne sera rien!*

Il continua à regarder le soleil de ses yeux écarquillés.

— *Ce ne sera rien...*

Toutes les maisons étaient blanches, éclatantes, portes et fenêtres ouvertes sur de l'ombre bleuâtre. Tante Hortense, vêtue comme la veille, était assise sur le siège du camion, à côté de son neveu. Tous deux évitèrent de se tourner vers la maison des Sarlat en face de laquelle était arrêtée la camionnette du boucher.

— Ne roule pas trop vite.

Jean aurait préféré de la pluie ou un temps gris à cette lumière d'apothéose qui ruisselait sur le paysage depuis plusieurs jours et qui finissait par lui donner mal à la tête.

— Plus tard, tu nous diras merci.

Pourquoi prononçait-elle soudain ces mots alors qu'on allait traverser Nieul?

Et pourquoi, trois kilomètres plus loin, alors qu'on découvrait les toits de La Rochelle et les murs jaunes de la caserne, reprenait-elle, comme si c'était l'instant d'avant qu'elle avait parlé :

— C'est pour ton bien, je t'assure...

Ce qui le frappa, c'est qu'elle paraissait avoir peur. C'était la première fois qu'il avait cette impression en face de sa tante et il l'observa, fut ému malgré lui. Il la voyait différente des autres jours, presque suppliante, anxieuse en tout cas, et comme raccrochée désespérément à lui. Il eut même l'intuition que, pour un peu, elle eût pleuré.

— Je sais... soupira-t-il.

— Alors, tu comprends, tu dois nous laisser faire...

Ne leur avait-il pas laissé faire tout ce qu'elles voulaient? Pas seulement en cette occasion, mais toute sa vie! Il s'était laissé élever comme une fille, au point qu'à cinq ans les garçons de l'école se moquaient de ses cheveux longs.

Son rêve à seize ans, avait été de devenir mécanicien et de tenir un jour un garage et il y avait renoncé parce que ses tantes prétendaient le garder auprès d'elles.

N'y avait-il pas eu pis, un événement qui lui

amenait encore des roseurs aux joues quand il l'évoquait? Lorsque l'âge du service militaire était venu, les tantes avaient tenu de secrets conciliabules et avaient entrepris séparément plusieurs voyages.

— Tu verras que tu seras réformé! affirmaient-elles.

Alors qu'il aurait tant aimé entrer dans l'aviation!

— Mais je ne suis pas malade!

— Tu as les poumons faibles, le cœur aussi. Tu ne le sais pas, mais quand tu étais au berceau tu as eu des convulsions. Le major devant qui tu passeras le conseil de révision est un arrière-petit-cousin. Je l'ai vu hier...

Et lui qui mesurait un mètre quatre-vingt-deux et qui avait un mètre dix de tour de poitrine avait été effectivement réformé alors que les plus mal bâtis du pays étaient admis au service!

— ... *tu comprends, tu dois nous laisser faire...*

Il les revoyait toutes les deux, en larmes, le premier soir qu'il était rentré ivre!

Et la fois que...

— Attention, Jean! Tu as failli accrocher le tombereau...

Oui! Il ferait attention! Il contournait la ville, pénétrait dans la cour de la gare, sautait à terre en soupirant et retirait son veston pour commencer le déchargement des paniers.

— Tu m'attends ici?

Mais oui! Mais oui! Il attendrait, pendant qu'elle irait furtivement demander des nouvelles au docteur Garat! Elle avait peur, voilà la vérité! Et lui ne savait plus s'il avait peur ou non, s'il était furieux ou non! Toujours est-il qu'il alla boire au café d'au-delà des grilles, boire pour boire, sans soif, parce qu'il en avait assez de penser.

Il ne pouvait plus voir Marthe autrement que pâle, avec deux yeux douloureux, une démarche chancelante. Il se refusait obstinément à penser à tout ce qu'on lui avait fait subir, mais cela lui revenait malgré lui et provoquait toujours le même malaise, la même débâcle de ses nerfs.

Il eut le temps de vaquer à ses expéditions, d'aller chercher à la Grande Vitesse trois colis qui étaient arrivés pour lui et de rester plus d'un quart d'heure sur le siège de son camion, à regarder le port où les mâts des bateaux de pêche se dressaient comme des hachures.

Enfin la silhouette noire de tante Hortense glissa le long des maisons. Elle portait des paquets, dont un carton de pâtisserie. Elle se hissa à sa place en questionnant :

— Je t'ai fait attendre?

— Pas longtemps.

— Il y avait du monde.

Elle ne précisa pas si c'était chez le docteur, chez le pâtissier ou chez un autre fournisseur. Ils prirent par les anciennes fortifications où des soldats sénégalais étaient couchés dans l'herbe des talus entre deux exercices.

Et on sortait déjà de la ville quand Hortense soupira enfin :

— Ce ne sera pas grave. Il paraît qu'elle n'a jamais eu de santé...

Jean fut frappé par ces mots. Il comprit seulement que c'était peut-être ce qui l'avait séduit chez Marthe : elle était plus frêle que les autres, fragile, avec de la timidité dans les mouvements et dans le sourire. Ainsi, la première fois qu'il l'avait caressée, il avait eu une déception en découvrant que sa poitrine n'était pas ferme, mais tiède et fluide, toujours moite, comme le reste du corps.

Il s'y était habitué et c'était devenu comme une séduction.

De même quand elle roulait en vélo sur la route et qu'une voiture arrivait vers elle, elle donnait deux ou trois coups de guidon maladroits avant de s'arrêter au bord de la route, par prudence, et de descendre de machine.

— Adélaïde n'était déjà pas bien portante non plus, ajoutait tante Hortense après un silence.

D'autres avaient un nom de famille, ou un surnom : on disait « la femme du maire », « la bouchère », « Mlle Gléré »...

La femme de Sarlat, la mère de Marthe, avait toujours été pour tout le monde Adélaïde.

Et on la respectait. Il y avait des nuances dans la façon de prononcer ce nom. Elle appartenait à une des plus vieilles familles du pays, une famille qui avait possédé jusqu'à deux cents hectares de terre ainsi que le moulin qu'on voyait encore, en ruines, vers Marron.

La famille Boussus! Un nom qu'on retrouvait dans toutes les allées du cimetière et sur un des vitraux de l'église.

Puis les Boussus avaient eu des malheurs, des morts successives dans la maison et Adélaïde, restée seule, avait épousé cet homme originaire des environs de Béziers ou de Narbonne, ce Justin Sarlat qui vivait au café et qui devait lui avoir mangé la plus grande partie de son bien.

— *Adélaïde n'était déjà pas bien portante non plus...*

Pour Jean, cette phrase évoquait un autre Marsilly, le Marsilly du temps où Adélaïde, les tantes et tous ceux qui étaient vieux à cette heure revenaient de l'école comme les petites filles qui barraient maintenant le chemin.

Il corna. On corna derrière lui et l'auto grise de Jourin le dépassa ; le cultivateur passa la tête par la portière, fit un signe joyeux qu'il n'acheva pas en apercevant Hortense.

— Encore un que le Crédit Agricole fera vendre un jour ou l'autre ! décréta tante Hortense qui semblait voir se désagréger un monde. Attention, Jean ! Il y a des vélos devant nous. Tu prends tes virages tellement court...

Nieul... Le bois de la Richardière qu'on voyait à gauche, en contrebas, près de la mer pétillante de soleil... Marsilly et sa tour carrée, ses maisons blanches, ses fermes en chapelet jusqu'au Coup de Vague...

L'auto pénétra dans la cour et tout de suite, à quelque chose d'indicible, à des détails qu'ils n'auraient pas pu déterminer, Hortense et Jean sentirent qu'il y avait *quelqu'un*.

Pourtant, on ne voyait pas d'auto en stationnement, pas de carriole. Jean, le premier, descendit du siège, aida sa tante. Celle-ci poussa la porte de la cuisine, qui était vide et où un ragoût cuisait à grand renfort de vapeur et de frémissements du couvercle.

Elle allait retirer son chapeau quand elle entendit une voix. Alors elle ouvrit la porte du bureau, murmura :

— Pardon...

Émilie dit :

— Entre...

Et cela, d'une voix endeuillée, après quoi elle ajouta :

— Jean est ici ?

— Oui. Pourquoi?

— Éloigne-le un moment.

Sarlat était assis dans le fauteuil, les genoux écartés, le regard durement fixé sur le plancher ciré. Il attendait la fin de cette petite cuisine en homme qui a tout son temps.

— Jean! appela Hortense. Tu ne veux pas aller jusqu'à l'épicerie chercher du... du poivre?

Il devina qu'il se passait quelque chose, lança un regard résigné à la maison, gagna le portail à pas lents.

Hortense rentrait dans le bureau, refermait soigneusement la porte et regardait sa sœur avec l'air de dire :

— Où en est-on?

— Nous venons d'avoir une longue conversation avec Justin, récita Émilie. Tu sais comment il est! Il a fini par se calmer, par comprendre que ce n'est pas notre faute. Il tient à ce que tout se passe régulièrement...

Point n'était besoin de préciser.

... à ce que tout se passe régulièrement...

Justin leva les yeux vers Hortense qui détourna la tête et qui fit :

— Bien.

Et lui de soupirer :

— C'est préférable pour tout le monde, n'est-ce pas? Allons! Dites-lui qu'il vienne faire sa demande. Je serai à la maison vers les cinq heures...

L'épicerie était à près d'un kilomètre, en face de l'église, au plus mauvais du tournant. Quand Jean revint avec un petit sachet de poivre, il rencontra Sarlat qui marchait en regardant par terre. Les deux hommes s'adressèrent le bonjour de la main, puis Jean se retourna et vit que Sarlat se retournait aussi.

Il pénétra dans la cour chaude de soleil, n'eut pas la curiosité d'aller voir dans le bureau où il savait qu'il n'y avait plus rien, poussa la porte de la cuisine et jeta le sachet de poivre sur la table.

— Qu'est-ce qu'il a dit? questionna-t-il avec une morne acceptation.

— Écoute, Jean...

— Il veut que j'épouse?

La réponse fut inutile. Tante Hortense, les bras au mur, la tête dans les bras, éclatait en sanglots tandis que tante Émilie, trottant menu en reniflant, dressait le couvert.

III

— Bonjour, Hortense.
— Bonjour, Adélaïde.
Le ton était le même de part et d'autre, grave, pénétré, un peu triste et chaque femme, en parlant, inclinait la tête, tendait la joue, faisait mine de baiser sa partenaire, mais les lèvres ne frôlaient que le vide.
— Bonjour, Émilie.
— Bonjour, Adélaïde.
Elles habitaient le même bourg, à six cents mètres l'une de l'autre, et pourtant il y avait près d'un an qu'elles ne s'étaient vues, à l'église, à l'occasion d'un enterrement.
— Vous êtes contentes? demandait aux deux sœurs Adélaïde au sourire morose.
Et Hortense répondait, comme si la réplique eût été écrite :
— Comment va ton rein?
Les mots n'avaient pas d'importance. Ce qui comptait, c'était le rite, le fait d'être en noir, en soie, avec tous ses bijoux, de s'aborder les uns les autres avec une affection solennelle, sans oublier la phrase, le totem de chacun.
Adélaïde, depuis toujours, c'était *son* rein. A une

vague tante Boussus, qui avait épousé un Giraud, de Lalande, il fallait demander :

— Et ton fils ?

Car elle avait un fils de douze ans dans le plâtre.

Jean, en noir, avec son col éclatant de blancheur, était méconnaissable. On eût dit, tout à coup, un garçon timide embarrassé de son grand corps. Il se tenait dans un coin du salon près de la porte, debout, et quand il regardait autour de lui on sentait que la maison lui était étrangère, qu'il en observait les détails comme ceux d'un autre monde, surtout quand il s'agissait de tantes et d'oncles qu'il ne connaissait pas.

Il n'y en avait pas beaucoup : ceux qu'il était impossible de ne pas inviter. Pour le reste, c'était un mariage fort simple. Non pas un mariage honteux, bâclé au plus vite, sans cérémonie, mais un mariage en famille, sans falbalas.

Les demoiselles d'honneur étaient néanmoins en taffetas bleu pâle et les garçons en smoking. Adélaïde était très bien. Quand elle était habillée, avec ses boucles d'oreilles et sa chaîne-sautoir en or, elle avait quelque chose de digne, d'hiératique, comme un personnage de musée.

— Tu n'as besoin de rien, Jean ? venait-elle lui demander discrètement. Marthe va être prête...

On l'entendait aller et venir au premier étage, où Adélaïde fut appelée, car un détail clochait. Si on entrouvrait la porte de la grange, on découvrait une longue table déjà garnie pour le déjeuner ; Adélaïde avait tenu à ce que tout fût fait à la maison, comme pour sa propre noce.

— Cela aurait été si simple d'aller au restaurant, disait la tante de Lalande à Hortense qu'elle connaissait à peine. Cette pauvre Adélaïde s'est donné un mal...

On était en juillet. La journée était si chaude qu'à La Rochelle on avait donné congé aux enfants des écoles. Et le curieux, c'est qu'écussons et drapeaux étaient en place pour la fête nationale, si bien que l'aspect du village était vraiment un aspect de fête.

Certains pensaient que Jean avait pleuré, car il avait les yeux rouges. Tante Hortense savait que c'était son bain chaud, et le fait que son costume s'était révélé trop étroit, et encore qu'il s'était coupé en se rasant, ce qui lui donnait en fin de compte une sorte de fièvre.

Quant à Justin Sarlat, qu'on n'avait pas encore vu, il fit une entrée pour le moins sensationnelle, car on le vit arriver avec son costume gris de tous les jours, une chemise souple et une cravate rouge comme il en portait pour faire enrager les réactionnaires du village.

Aucune componction. Pas d'embrassades.

— Salut, tout le monde! lança-t-il. Si on y allait?

Il le faisait exprès, évidemment. Il possédait un complet noir et un smoking, mais il avait toujours aimé scandaliser son prochain. C'était un original.

Alors qu'on passait, plus ou moins en cortège, devant le Café de la Poste où il vivait la plupart du temps, il y entra, entraînant avec lui l'oncle de Lalande qui n'osa pas lui résister.

— Viens boire un coup de blanc. On les rattrapera à l'église...

Marthe, de temps en temps, cherchait le regard de Jean, timidement, peureusement. Elle n'était pas encore tout à fait remise et n'avait pas repris ses couleurs mais elle souriait avec l'air de dire :

— Tu n'es pas trop fâché?

Tout le village les regarda passer, comme c'est l'habitude. On sonna les cloches. Un enfant de chœur en surplis traversa la place au pas de course pour aller chercher des allumettes chez l'épicier, car il n'y en avait plus à la sacristie.

— Quand on pense à tout ce que cet homme lui a fait souffrir! disait cependant Hortense qui marchait à côté de Jean.

Elle parlait d'Adélaïde et de Justin Sarlat. Elle ajoutait :

— Heureusement que c'est une vraie sainte. Personne ne l'a jamais entendue se plaindre...

Jean n'aurait pas pu dire si ses pieds touchaient terre, et le décor, autour de lui, n'était que des taches informes dans le soleil.

On s'arrêta sur le parvis, on se retourna et on ne vit pas Sarlat et l'oncle, qui n'arrivèrent en s'essuyant les lèvres que cinq bonnes minutes plus tard.

Ce fut à la mairie que Justin se montra le plus désagréable. Il n'oubliait pas qu'il avait été maire et que son adversaire allait marier sa fille. Aussi, au moment d'entrer, alluma-t-il un gros cigare qu'il avait acheté exprès et le garda-t-il entre les dents pendant la cérémonie, tout comme il garda son chapeau sur la tête.

Le maire se vengea, il est vrai, en prononçant en guise de discours :

— J'espère que vous vivrez en bons époux et en bons citoyens et que vous aurez beaucoup d'enfants...

Il avait insisté sur les derniers mots, avec un regard malin à Justin.

Enfin ce fut le repas. Adélaïde se levait à chaque instant pour aller donner un coup de main à la cuisine, mais il n'y paraissait pas quand elle reprenait sa place et les tantes s'émerveillaient.

— Comment avez-vous pu préparer tout ça à la maison?

— J'ai fait venir la vieille Tontine.

— Quel âge a-t-elle, maintenant? Plus de soixante-douze...

— Soixante-dix-huit ans. C'est encore elle qui fait tous les repas de noces...

Ces gens, hommes et femmes d'un certain âge, que Jean ne connaissait pas, se tutoyaient, faisaient allusion à d'autres personnes qu'ils avaient connues, la plupart du temps à des personnes qui étaient mortes, ou qui avaient eu des malheurs.

— Tu te souviens de Victor?

— Celui dont la femme boitait?

Le personnage que Jean observait le plus, presque à son insu, c'était Justin Sarlat, qu'il avait l'impression de découvrir.

Jusqu'alors, ils ne s'étaient guère fréquentés, car Jean mettait rarement les pieds au Café de la Poste. C'était un endroit à part, le siège d'une sorte d'état-major, d'un petit groupe en marge du pays, un groupe qui ne vivait qu'au café, jouait aux cartes, buvait des apéritifs et surtout discutait interminablement de politique.

Justin, avec son éternel complet clair et sa cravate rouge, en était le centre et, quand on passait, on entendait sa voix de loin.

Mais Justin Sarlat, ce n'était pas que cela et Jean s'en avisait seulement. Il le regardait, puis regardait Adélaïde, puis tour à tour les hommes et les femmes qui ceinturaient la table de silhouettes noires et de visages roses.

La différence entre Justin et eux, c'était quelque

chose d'indéfinissable dans l'attitude et dans le regard, quelque chose de dégagé, peut-être d'ironique?

Il faisait ce qui lui plaisait, en somme! Il ne s'inquiétait pas de ce qu'on disait de lui. Il ne croyait pas qu'une cérémonie à la mairie avait de l'importance, ni le fait d'être toujours à deux doigts de la faillite, ni...

Jean avait chaud et, quand il sentait sur lui le regard de Marthe, il faisait un effort pour lui sourire.

Elle avait peur, cela se sentait. Mais peur de quoi?

De lui, bien sûr! De ce qu'il déciderait!

Il pouvait, dès demain, dès ce soir, vivre comme Justin, sans se préoccuper du bonheur ou du malheur des autres.

Voilà! Jean commençait déjà à concevoir les choses plus clairement! Justin ne croyait pas au bonheur ou au malheur. Il vivait à sa guise, égoïstement! Puisqu'il s'ennuyait chez lui, il passait son temps dehors. Pendant longtemps, il avait été l'amant de l'ancienne couturière, celle qui avait cédé la place à Mlle Gléré, et il allait la voir en plein jour. C'est ce qui lui avait fait le plus de tort aux élections.

Tant pis pour Adélaïde! Et il était probable que, comme on le racontait, il lui arrivait de la battre quand il rentrait trop éméché!

Ces problèmes n'avaient jamais effleuré l'esprit de Jean et il en mesurait soudain l'importance, revenait sans cesse à Justin qui racontait déjà des histoires grossières, uniquement pour faire enrager les parentes venues de Lalande et d'ailleurs, des Boussus de seconde zone qui n'avaient guère réussi et qui n'en étaient que plus soucieux de dignité.

Par exemple, le cas d'un Jourin ne ressemblait pas du tout au cas de Sarlat. Jourin courait les femmes, surtout celles d'un certain âge, un peu fortes, celles qu'on renverse en riant dans les arrière-boutiques de certains bistrots. Jourin était grossier, lui aussi.

Néanmoins quand il parlait de sa femme, qui était d'excellente famille (son frère était prêtre en Vendée), il disait :

— Mme Jourin...

Et il aurait été horriblement vexé si ses blés n'avaient pas été les plus beaux de la région.

Il était paillard, soit, mais il travaillait comme deux hommes, à s'en faire suer du matin au soir, et il avait mis sa fille en pension chez les sœurs à Rochefort.

Déjà deux cas différents...

Quant au Boussus de Lalande, c'est à peine s'il osait manger d'un plat sans en demander d'un coup d'œil la permission à sa femme.

Et il n'y avait pas que cette question-là! Il y en avait d'autres, certaines que Jean ne faisait encore qu'entrevoir. Jusqu'alors, il avait pour ainsi dire vécu sans penser, avec des idées simples comme les images en couleur qui garnissent les murs des écoles : la ferme, la famille, la ville...

La famille, c'était le grand-père dans son fauteuil, la grand-mère qui tricotait et portait des lunettes, la mère qui s'occupait du dernier né, la jeune fille qui jouait du piano et le père qui lisait un livre...

Il n'avait jamais tenté de contrôler ces vérités. Or, en regardant autour de lui la vingtaine de personnes qui mangeaient, il ne voyait aucune famille de ce genre.

La seule vieille femme qui aurait pu être grand-mère était Tontine, qui avait été cuisinière en maison bourgeoise pendant quarante ans et qui, à soixante-dix-huit ans, allait préparer les repas de noce, d'enterrement et de première communion.

— A quoi penses-tu?

Il fut surpris d'entendre la voix de Marthe, se tourna vers elle et son regard dut trahir son étonnement, car elle fut troublée aussi et murmura :

— Tu es triste?

Il dit, très sincèrement :

— Pas du tout.

Ce n'était pas de la tristesse. Il réfléchissait, simplement. Il réfléchissait à des sujets pas très gais.

— Pas du tout!

Avait-il dit cela si mal? Voilà que Marthe esquissait une pauvre moue, se levait précipitamment et gagnait le corridor. Quelques instants plus tard, sa mère se levait à son tour et on l'entendait qui parlait doucement à sa fille.

Jean fronça les sourcils. Il lui sembla que *ça* commençait et il regarda Justin comme si le moment était venu de prendre une décision. Or, Justin le regardait justement avec l'air de dire :

— Voilà, mon garçon!

Il buvait beaucoup. Tout le monde buvait. Il y avait déjà, dans le service des plats et des vins, un certain désordre, et parfois on voyait se lever un homme congestionné qui allait faire un petit tour dans la cour.

— Viens...

Adélaïde ramenait sa fille qui s'essuyait les yeux et expliquait aux autres :

— C'est l'émotion...

Il sembla à Jean que tante Hortense l'observait. Comprenait-elle, elle aussi? Quant à tante Émilie, il ne la voyait pas, car elle était du même côté de la table que lui, mais plus loin, cachée par d'autres parents.

— Je te demande pardon, souffla Marthe en reprenant sa place.

Pardon de quoi? Tout ce qu'elle y avait gagné, c'était d'avoir le nez rouge, ce qui faisait ressortir la pâleur de son teint. N'empêche qu'elle continuait :

— Mais aussi, tu ne me dis rien! Tu ne m'as encore rien dit!

Le geste de Jean ne fut ni un geste à la Sarlat, ni un geste à la Jourin. Il chercha la main de Marthe sous la table et la lui serra un moment.

Il ne pouvait pas voir souffrir.

Ce fut beaucoup plus tard, alors que les idées étaient floues, les digestions en train et qu'on buvait de l'alcool en fumant des cigares dans la cour où s'empilaient les paniers d'huîtres qu'il se passa des choses incompréhensibles.

Marthe était trop serrée dans sa robe de mariée et sa mère l'avait emmenée dans sa chambre pour se changer. Justin, qui était lancé, cherchait toutes les occasions d'être désagréable aux convives quand, regardant la route où on entendait des pas, il s'était précipité en criant :

— Kraut!... Eh! Kraut...

Jean, d'abord, n'y fit pas attention. Comme tout le monde, il connaissait Hermann Kraut, un vieil Alsacien qui vivait à Marsilly depuis quarante ans, un original, lui aussi, mais d'un autre genre que Sarlat.

Il avait été valet de ferme, jadis, et il y avait longtemps qu'il ne faisait plus de travail régulier, sinon celui de tambour de ville et de garde champêtre.

Cela lui permettait d'aller chez les uns et les autres, de rendre service à gauche et à droite, pour la nourriture et la boisson.

Car Kraut mangeait et buvait. C'était toute sa vie. Il mangeait, buvait et souriait aux anges, dodelinait de la tête en ruminant des pensées célestes.

— Viens ici, Kraut!... Écoute... Si tu vas nous chercher ton piston, on t'invite...

Kraut jouait aussi du piston dans les fêtes. Il dut faire ce qu'on lui demandait, car on ne le vit pas d'un certain temps. Près de lui, Jean entendit la voix de Sarlat qui lançait :

— Alors, on s'amuse, ma vieille Hortense?

Tante Hortense était là, en conversation feutrée avec une femme d'un certain âge qui lui racontait ses démêlés avec un notaire.

— Laisse-moi tranquille, Justin, protesta-t-elle.

Tout le monde s'était tutoyé, jadis, puis on s'était dit vous, puis à l'occasion le « tu » revenait de lui-même.

— Ce brave Kraut va nous faire de la musique.

— Merci de l'intention. Quant à toi, tu feras bien de ne plus boire. Un jour ou l'autre, tu auras une attaque...

C'est vrai que Justin était cramoisi et qu'on constatait un certain flottement dans sa démarche. Mais il était lancé et désormais rien ne l'arrêterait.

— Ça te fera l'occasion de venir à mon enterrement.

— Sûr que je n'irai pas à l'enterrement d'un aussi vilain mort!

— Moi, je te promets d'aller au tien, rien que pour m'assurer que le cercueil est bien fermé.

Adélaïde redescendait, toujours digne, douce et dolente, jetait autour d'elle un regard de maîtresse de maison pour s'assurer qu'on ne manquait de rien, un autre regard, plus bref, plus anxieux à son mari qu'elle connaissait mieux que quiconque.

— Qu'est-ce que c'est? questionna-t-elle comme on frappait à la porte de la maison.

— Laisse! C'est Kraut, qui va nous jouer quelques morceaux. Par ici, Kraut! Et d'abord à ta santé! A celle de Jean et de ma fille...

Ce qu'il y avait au juste là-dessous, Jean n'arrivait pas à le saisir. Depuis quelques instants, les intonations étaient moins naturelles, les attitudes aussi. Tante Émilie s'approcha vivement de tante Hortense et Jean entendit nettement :

— Tu vas le laisser faire?

Kraut avait déjà bu ailleurs. On lui servait de la fine dans un verre à vin et il la lampait sans vergogne.

— Écoute, Justin...

C'était Hortense qui parlait bas à Sarlat, la mine grave, presque tragique. Celui-ci haussait les épaules, mais Jean n'entendit pas sa réponse.

— Une polka, Kraut!

Et ce nom devenait comme une obsession. Kraut!... Kraut!... On apportait à le prononcer une étrange insistance. Sarlat prétendait faire danser tante Hortense qui le repoussait avec colère.

Les flonflons du piston, sans accompagnement, résonnaient curieusement dans la cour pleine de soleil et déjà des gamins se groupaient devant le portail.

Jean aperçut Marthe qui venait de descendre vêtue de bleu; un oncle eut le malheur de prononcer :

— Si les jeunes mariés dansaient?

D'autres insistèrent. C'était grotesque, mais Jean dut s'y résoudre tandis que Marthe, il l'eût juré, le visage sur son épaule, se retenait de pleurer.

— Tu n'es pas gaie! ne put-il s'empêcher de remarquer.

— Ce n'est pas moi!

En dansant, il vit Sarlat et tante Hortense qui se disputaient dans un coin de la cour. Tante Hortense était raidie par une colère rentrée et Sarlat riait jaune à ce qu'elle lui disait.

— Qu'est-ce qui se passe? demanda Marthe, qui flairait un mystère.

— Je ne sais pas.

— Père a bu, n'est-ce pas?

— Un peu.

— Il vaudrait mieux que nous nous en allions le plus tôt possible.

Cette idée aussi la bouleversait. Un garçon et une petite fille endimanchés dansaient, ainsi qu'un vieux couple. Une femme disait à son mari — celui de Lalande :

— Essaie de vomir.

Et le mari se dirigeait à pas incertains vers la haie qui séparait la cour du potager.

Un entracte assez long fut fourni par l'arrivée du photographe. Jean monta, dans une chambre qui devait être celle d'Adélaïde, pour arranger sa toilette pendant que Marthe, chez elle, remettait sa robe de mariée.

Quand ils descendirent, Justin n'était pas là et Kraut, dans un coin, mangeait d'épaisses tranches de gigot et des asperges qu'il trempait dans la sauce.

— Tu n'as pas revu ton père? demanda Adélaïde à sa fille.

— Non.

Personne ne l'avait vu et on fit d'abord le portrait des nouveaux mariés, devant la porte de la maison. Puis on attendit de longues minutes pour le groupe et enfin, au bout du chemin, on aperçut Sarlat qui s'approchait avec trois camarades qu'il était allé chercher au café.

— C'est pour la photo? s'écria-t-il. A votre disposition! Venez aussi, vous autres!... Et toi, Kraut!... Mais si!... Avec ton piston...

Adélaïde regardait ailleurs; Marthe pouvait à peine contenir ses larmes. Tante Hortense disait à sa sœur :

— Nous ferions mieux de nous en aller.
— Attends encore un peu, pour les gens.

Force fut de prendre la photo avec les amis du bistrot, qui étaient le boucher en tenue de travail, le maçon et un jeune homme de la ville que personne ne connaissait.

L'instant d'après, ils formaient un groupe dans un coin de la cour, autour des bouteilles, un groupe où on riait ferme en regardant le reste de la noce.

— Je retourne me déshabiller? demanda Marthe.
— Oui. Après qu'on aura servi les gâteaux, vous pourrez partir tous les deux.

Jean ne se rendait pas compte qu'il avait bu, mais il avait bu comme les autres, parce qu'on avait sans cesse voulu trinquer avec lui. Il avait la tête lourde, l'humeur maussade. Il enrageait par-dessus tout de ne pas comprendre.

Il avait un peu la même impression qu'un gamin à qui ses camarades ont monté un bateau. Sarlat, maintenant, le fixait d'une façon nettement agressive et ceux de son groupe le suivaient sans cesse des yeux, parlaient évidemment de lui et éclataient de rire.

— Où vas-tu? lui demanda tante Hortense comme il traversait la cour.

Il se dégagea en grommelant :

— Nulle part!

Il allait là-bas, se camper devant eux, leur lancer :

— Qu'est-ce qui vous fait rire?

— Kraut... répliqua Justin.

Jean se tourna vers le tambour de ville qui mangeait toujours, s'empiffrait plutôt, sans rien voir d'autre que les plats qui restaient sur la table.

— C'est si drôle que ça?

— Bien plus drôle que tu ne penses.

— Vous seriez gentil de me l'expliquer.

— Jamais de la vie! Tiens! Voilà déjà Hortense qui arrive par ici pour me faire taire. N'est-ce pas, Hortense?

Celle-ci voulait rester digne devant les hommes du café.

— Vous êtes ivre, Justin!

— Et Kraut? Il est plein de mangeaille et de vin...

— Tu viens, Jean? murmura la tante.

— Tu as peur de nous le laisser un instant?

Elle avait peur, c'était un fait, si bien que Jean ne savait plus que penser et que, pour un peu, il aurait provoqué la bagarre.

— Tu ferais mieux d'être sérieux, un jour comme celui-ci.

Et tante Hortense était dédaigneuse tandis que Sarlat cherchait une phrase méchante à lui lancer.

— C'est vrai que les noces, trouva-t-il, c'est plutôt rare au Coup de Vague!

Jean se tourna vers sa tante pour lui demander conseil. Elle souffla :

— Laisse-le!

Et tout haut, à Sarlat :

— Tu devrais avoir honte!
— De quoi? Oui! Dis un peu, pour voir, de quoi je devrais avoir honte?

Même ses camarades qui n'étaient pas tranquilles et les autres, disséminés un peu partout, se rendaient compte que du vilain se préparait.

— Tu oublies que j'ai été maire et que j'ai eu entre les mains l'acte de décès de ton frère Léon?
— Viens, Jean! décida Hortense, catégorique. Il est ivre!

Jean aurait aimé ne pas s'éloigner, mais il n'osa pas résister à sa tante. Il questionna, dès qu'ils furent à quelques mètres :

— Qu'a-t-il voulu dire?
— Rien! Je te répète qu'il est ivre. Il fait le malin devant ses camarades. Quand je pense à cette pauvre Adélaïde, qui va rester seule avec lui dans cette maison...

Elle se dirigea vers Adélaïde qui servait le café, lui parla bas, avec un air douloureux, comme on parle à quelqu'un de très malade ou de très malheureux.

— Sais-tu que tu ne m'as pas encore embrassée?

Jean tressaillit, vit le visage défait de Marthe, fut ému soudain, apitoyé sur elle et sur lui, sur tout le monde.

C'était la première fois de la journée qu'il était attendri, qu'il la regardait ainsi, qu'il se penchait, posait un instant sa joue brûlante contre la sienne.

— Qu'est-ce que tu as? demanda-t-elle encore.
— Rien.
— Cela va être fini. Maman sert les gâteaux. Après, nous pourrons partir.

Partir.

Le mot le frappa et ses lèvres commencèrent par

s'étirer pour un sourire qui n'était déjà plus si bon. Partir pour le Coup de Vague? Partir avec Marthe qui, tout à l'heure, entrerait dans la maison des deux tantes?

Oh! Les moindres détails étaient déjà arrangés. La chambre de Jean était la plus grande, la seule qui eût deux fenêtres. Néanmoins, ses tantes avaient vidé le débarras voisin pour en faire une seconde chambre.

— Vous y mettrez vos affaires, avait décrété Émilie. Et, au cas où Marthe serait malade...

Le médecin interdisait à Marthe, pour longtemps, de travailler au bouchot. D'ailleurs, tante Hortense n'aurait pas aimé la voir chaque matin avec elle et Jean au champ de moules ou au parc à huîtres.

— Elle pourrait s'occuper des vaches, avait-elle insinué.

Mais alors c'était tante Émilie qui n'avait pas voulu céder son poste.

— Elle n'est pas assez forte pour ça. Et puis elle n'a pas l'habitude.

Le ménage, tante Émilie l'avait toujours fait elle-même, sauf la lessive pour laquelle une femme venait une fois par semaine.

Or, d'après le médecin, Marthe n'était pas assez vaillante pour laver. A peine pour repasser, en prenant des précautions!

— On la mettra à la cuisine. Elle repassera. Puis, comme elle a appris à coudre, elle fera le linge et les robes. Ce n'est pas pour rien qu'elle a travaillé deux ans chez Mlle Gléré...

Quand Jean se retourna à nouveau vers le groupe de Justin, il vit Kraut avec eux, un Kraut congestionné, la panse pleine, le sourire divin. Les autres semblaient l'exciter. Il résistait, se levait enfin en titubant et on lui versait presque de force un dernier verre.

A ce moment, Adélaïde découpait les gâteaux qu'on avait fait venir de La Rochelle. Des parents qui se sentaient l'estomac embarrassé faisaient les cent pas sur la route, contents de se montrer au pays dans leurs habits de fête.

Jean était trop loin. Il ne vit presque rien. Kraut, que ses camarades avaient lancé et qui tenait son piston à la main s'approchait de tante Hortense et de tante Émilie.

Que voulait-il? Que leur dit-il? D'après ses gestes, on pouvait croire qu'il tentait de les embrasser. Il avait l'air, aussi, de leur débiter un étrange compliment.

Toujours est-il qu'Hortense, sans broncher, lui donna une gifle et, accompagnée de sa sœur, se dirigea vers le portail. Adélaïde courut après elles. Elles chuchotèrent. Les hommes riaient.

Les tantes une fois parties avec dignité, Jean se trouva plus désemparé au milieu de cette cour qu'il ne l'avait jamais été de sa vie.

Le type de Lalande, qui avait vomi et qui se trouvait ragaillardi, en profitait pour lui confier:

— Je ne crois pas que ce soit un méchant homme...

Marthe le cherchait, son chapeau sur la tête, ses gants à la main, comme pour aller en ville, alors qu'on n'avait que six cents mètres de route à parcourir. Mais n'était-ce pas un départ autrement définitif?

Elle hésita, se dirigea vers son père qu'elle embrassa, puis vers sa mère qui l'entraîna dans une des pièces de la maison. Là, elles durent pleurer un bon moment dans les bras l'une de l'autre.

Enfin, Adélaïde vint dire à Jean :

— Allez, maintenant ! Cela vaut mieux...

On les regardait. Elle eut le geste qu'il fallait, prit son gendre dans ses bras, le baisa sur une joue, puis sur l'autre, puis une troisième fois.

— Allez !

Les parents s'approchaient tour à tour, des Boussus que Jean n'avait jamais vus avant ce jour-là, et tous l'embrassaient, tous par trois fois, avec componction.

— Au revoir, Jean !
— Au revoir, cousin... Au revoir, cousine...
— Adieu, Marthe...

Si encore ils étaient partis ! Mais cela ne s'appelait pas partir ! Tandis que le groupe Sarlat continuait à boire, ils franchissaient le portail et se trouvaient sur la route où, depuis toujours, ils passaient du matin au soir. Ils n'avaient qu'à tourner à droite et ils apercevaient les murs roses du Coup de Vague qui se découpaient sur une mer vert pâle.

D'abord, ils marchèrent séparément mais, comme ils se sentaient gauches, sur le chemin éclatant de soleil, avec des enfants qui les suivaient à distance, ils se rapprochèrent. Marthe portait un gros bouquet qu'on lui avait mis à la main à la dernière minute. Son autre main alla chercher le bras de Jean qui tenait les poings dans les poches et qui fumait machinalement un cigare.

— Je suis sûre qu'ils vont continuer à boire ! dit-elle.

Puis ils marchèrent encore en silence. Des détails de la maison se précisaient. Les deux fenêtres de l'ancienne chambre de Jean étaient ouvertes. La marée était haute et les barques se balançaient à quelques mètres des gros cailloux de la digue.

D'habitude, on entrait par la porte de la cour, puis par la cuisine. Mais Jean se dirigea vers la porte de la maison, celle qui donnait accès au corridor. Il la poussa, retrouva l'odeur familière, vit au portemanteau les deux chapeaux de ses tantes.

Il murmura simplement, après un regard dedans, puis dehors :

— Entre!

IV

Comme disait Jourin, c'était tous les jours la grande foire. Les propriétaires du pays s'étaient réunis pour acheter en commun une batteuse et elle fonctionnait depuis une semaine, tantôt chez l'un, tantôt chez l'autre et chacun, pour avoir de la main-d'œuvre à son tour, devait fournir un certain nombre de journées.

Ainsi Jean, qui n'en avait que pour quelques heures à battre ses blés, devait battre six jours avec Pellerin, et il y en avait déjà quatre que cela durait, sous un écrasant soleil d'août qui faisait crépiter les chaumes.

Pour ceux qui recevaient la batterie, c'était à qui ferait le mieux les choses et les femmes étaient sur les dents une semaine à l'avance, préparant pâtés, terrines et gâteaux pour les festins du soir qui avaient lieu le plus souvent dehors, face à la machine enfin au repos et aux meules encore informes.

On travaillait comme des brutes, on buvait, on mangeait, on riait, on criait tant que le quatrième jour Jourin était enroué et qu'un autre, un petit gars du Moulin-Neuf qui avait à peine dix-huit ans, avait dû se coucher avec la fièvre.

Pourquoi cette quatrième journée, pour Jean, avait-elle été exceptionnelle ? Non qu'elle eût été marquée par un événement mémorable, ou par une joie inattendue ; mais exceptionnelle dans le sens de réussite rare et involontaire, d'harmonie, voire d'émotion.

Peut-être cela tenait-il à son rêve de la nuit, auquel il ne pensait plus mais dont il restait imprégné malgré lui ? Un rêve qu'il avait déjà fait deux ou trois fois, en moins bien. Il ne savait pas où il était, et l'air était bleuâtre comme dans un sous-bois. Oui, cela devait être un sous-bois ou un parc, au crépuscule, non en réel, mais en poétisé, comme sur les tableaux. Et Marthe était dans ses bras. C'était tout ! Une Marthe vêtue de blanc, plus pâle que la vraie, avec des yeux extraordinaires qui contenaient comme une lumière intérieure. Le blanc de sa robe aussi était lumineux, à la façon de la lune, en moins fort !

Marthe souriait en le regardant, d'un sourire qui n'avait aucun rapport avec la réalité, et elle murmurait :

— Tiens-moi bien, Jean ! J'ai peur...

Était-il découvert au moment où il faisait ce rêve ? Toujours est-il qu'il se souvenait d'étranges frissons qui l'avaient parcouru.

Le matin, il avait contemplé Marthe dans son lit. Il lui avait dit au revoir en l'embrassant au front. Évidemment que cela n'avait aucun rapport !

Ce jour-là, justement, on battait à la Richardière ; la machine était dressée à moins de cinquante mètres du petit bois où il avait eu ses rendez-vous avec Marthe.

— Aujourd'hui, monsieur Jean, vous feriez bien de prendre la place d'en haut, était venu dire Pellerin avec gravité.

Pellerin était le seul à travailler en jambières de

cuir et en veste de chasse. Ainsi, il ressemblait si bien à un régisseur de château que, quand un représentant en tracteurs agricoles était passé, c'était lui qu'il avait hélé :

— Dites, patron...

Pellerin aurait voulu que Jean restât sur la batteuse, à attraper les gerbes que les autres lui passaient. Jean, au contraire, s'obstina à demeurer en bas, au poste le plus dur, car il devait hisser les gerbes à bout de fourche. Jourin lui-même, qui était costaud, n'y tenait pas plus de deux heures.

On vivait dans le vacarme du moteur, des transmissions, de la ferraille en mouvement et dans un nuage de fine poussière dorée qui pénétrait partout, dans les yeux, dans la bouche, dans les narines, qui s'enfonçait jusque dans les coutures des vêtements.

Sur l'herbe, sur la paille, on voyait des litres de vin à moitié vides, des vestes, des casquettes, et la machine ne s'arrêtait pas, les hommes la servaient sans répit, trouvant à peine le temps de s'essuyer le front du revers de la manche ou de lancer une plaisanterie.

La sueur sentait bon l'été et la paille et on arrivait à ne s'apercevoir de sa fatigue que quand on s'arrêtait pour souffler.

Jean, qui ne pensait pas tout le temps à Marthe, restait pourtant imprégné de son rêve et il y avait une certaine nostalgie heureuse dans ses yeux bleus, une mystérieuse satisfaction dans son sourire.

Sans raison précise, d'ailleurs! Il avait seulement l'impression, ce jour-là, que les choses pourraient s'arranger. C'était vague. Et il ne cherchait pas à en savoir davantage, par crainte de dissiper cet optimisme que lui dispensait le hasard.

Le repos de midi fut inouï, une des heures les plus inouïes qu'il eût vécues. On avait bu du vin blanc, mangé du lapin et du poulet. Le soleil tombait d'aplomb sur le champ qui descendait en pente douce jusqu'à la mer.

Jean s'était couché, comme les autres, la tête sur un peu de paille, un mouchoir sur les yeux et, les paupières closes, il avait savouré un feu d'artifice d'images, de sensations et de rêves au point que, quand la machine s'était mise en marche et qu'il s'était levé, il était plus hébété et plus engourdi qu'un ivrogne.

Il faut dire que chaque jour on mangeait et on buvait davantage, parce que les propriétaires chez qui on allait voulaient faire mieux que les précédents.

C'était vraiment la grande foire et certains en avaient pour trois semaines et plus de ce régime!

Le soir, tous autour d'une longue table, tandis que le ciel s'éteignait, on serait resté des heures et des heures, le corps veule, à raconter des histoires en fumant sa pipe et en crachant de temps en temps par terre.

Or ce soir-là, par hasard, il fut question du bois de la Richardière dont on voyait les marronniers au-dessus du mur bas. Le chien, à certain moment, avait tiré sur sa chaîne et avait aboyé. Quelqu'un s'était tourné vers la garenne et le fermier avait dit :

— C'est rien... Encore des amoureux...

Alors le plus vieux de tous, un paysan que même les gens d'un certain âge appelaient grand-père, avait grommelé :

— En avons-nous fait des saillies, dans ce bois-là!

Un autre jour, cela n'aurait pas frappé Jean. Mais

il avait l'émotion à fleur de peau. Il lui semblait que cette réunion d'hommes fatigués, autour de la table servie, près de la machine assoupie, avec les filles assises dans l'herbe et un tout petit pan de mer dans le lointain, il lui semblait que tout cela, et l'heure, le crépuscule en suspens, une pipe qui grésillait, des oiseaux dans la haie, le chien, la courbature des épaules, que tout, en somme, correspondait soudain à la vie telle qu'il la jugeait possible et agréable.

Lors du mariage, on s'était réunis aussi, et on mangeait, et on buvait, mais ça ne se ressemblait pas. C'était voulu, artificiel.

Tandis que...

Et il fut frappé de ce que le vieux sans une dent eût été, lui aussi, jadis, dans le petit bois. Un instant il en fut contrarié, vexé. Tout de suite après il évoqua Marthe d'une façon encore nouvelle, une Marthe qui était la continuation de toutes les filles qui étaient venues aimer sous les arbres.

Voilà ce qu'il pensait ce soir-là! Ce n'était pas tout à fait des pensées. C'était plus flou, plus imprécis, des bouts qui ne se joignaient pas, des bouffées d'une sentimentalité vague, d'une aspiration à un avenir semblable à l'heure qu'il vivait.

Bientôt la cigarette de Pellerin piqua d'un point rouge l'obscurité qui était tombée sans bruit et Jean se leva le premier, lourd de corps mais léger d'esprit.

— Bonsoir tout le monde!
— Bonsoir Jean.

Il ne rentrait pas par la route, mais longeait le bois, sautait le ruisseau, passait par le trou d'une haie et se trouvait dans les champs du Coup de Vague.

De ce côté, il faisait plus clair, parce que le terrain était découvert et que la mer reflétait encore un peu de lumière argentée. Les maisons du village, au loin, devenaient d'un blanc crémeux, entourées comme d'un vide sonore qui renvoyait les sons au loin, à tel point qu'on entendait l'épicier accrocher ses volets.

— Te voilà, Jean?

Il sursauta. Il ne s'attendait pas à ce murmure qui s'élevait tout près de lui et il murmura malgré lui :

— C'est toi?

C'était tante Hortense qui était venue à sa rencontre, pas à pas, en tricotant, et sa silhouette indécise, dans le clair-obscur, sur le ciel en demi-teintes, faisait penser à une religieuse ou à un moine errant sans bruit le long d'un cloître.

— C'est fini, à la Richardière?
— Encore la demi-journée, demain.
— Tu n'es pas trop fatigué?
— Non.

Elle continuait à marcher lentement, l'obligeant à faire de même, et, comprenant qu'elle était venue exprès à sa rencontre pour lui dire quelque chose, il fronça les sourcils.

— Marthe est couchée?
— Elle est montée il y a une demi-heure.

Voilà déjà que ça recommençait! Il n'aurait pas pu préciser quoi. Ça recommençait! Une façon d'être, de parler, de vivre, de s'exprimer à demi-mots, avec des réticences et des soupirs...

— Comment va-t-elle?
— Toujours pareil, mon pauvre Jean! On peut dire que tu n'as pas de chance...
— Le docteur Carré est venu?
— Il est resté trois quarts d'heure à la maison.
— Qu'est-ce qu'il dit?
— Il dit ce qu'il veut bien dire. Tu le connais! Au père Dufieu, il déclarait crûment qu'il crèverait avant un mois et il y a dix ans de cela. Pour Marthe, il

répète toujours son refrain : des soins, de l'hygiène, de la patience. Puis encore du calme et du repos...

— Et l'opération?

Jean ne savait plus où regarder. Ces questions d'intimité féminine continuaient à provoquer chez lui le même malaise physique. Il y avait des mots qu'il ne pouvait pas entendre, comme celui qui était lié à cette opération : ne prévoyait-on pas la nécessité d'enlever un ovaire à Marthe?

— Il ne se prononce pas. Il prétend que le chirurgien n'est si pressé que parce que c'est son intérêt...

— Et Marthe?

— Cela lui est égal. C'est à croire qu'elle ne se rend pas compte. Elle parle d'entrer à la clinique comme d'une promenade...

On voyait une lumière au rez-de-chaussée : c'était celle de la cuisine, où tante Émilie devait être occupée. Quant à la fenêtre de la chambre, on ne pouvait l'apercevoir, car elle donnait sur la route.

— Elle est encore allée chez elle cet après-midi, soupira tante Hortense.

Il ne broncha pas.

— Tu ne trouves pas exagéré qu'elle y soit presque chaque jour? Elle sait que nous ne voyons plus son père, après ce qu'il nous a fait...

Le plus déroutant, c'est que Jean n'avait jamais su au juste ce que Sarlat avait fait à Hortense! Elle ne s'était pas expliquée. Elle avait déclaré :

— C'est un bandit! Je ne veux plus que nous ayons le moindre rapport avec lui.

La tante n'en avait pas encore assez; elle faisait demi-tour, désireuse de continuer cette promenade dans le calme du soir et de parler.

— Je suis sûre qu'elle se plaint de nous!

— Pourquoi se plaindrait-elle?

— Tu ne peux pas comprendre. Tu n'es pas une femme.

C'est bien parce qu'il ne comprenait pas qu'il avait parfois, au fond de lui-même, des mouvements de révolte contre ses deux tantes.

Que leur dire? Qu'est-ce qu'elles faisaient de mal? Elles entouraient Marthe de soins, c'était un fait. Des gens qui venaient à la maison et à qui elles racontaient ce qu'elles faisaient, admiraient leur patience.

Rien que ce mot de *soins*... Il revenait dans la conversation du matin au soir et, chaque fois, Jean avait un haut-le-cœur. A dix heures du matin, Hortense quittait son bureau, cherchait Marthe.

— L'eau est prête? demandait-elle.

Elle y trempait les doigts pour s'assurer qu'elle était assez tiède.

— Tu viens?

Les soins! La cheminée était couverte de fioles et d'instruments. La chambre sentait le fade, avec un arrière-fond de médicaments.

Cela recommençait après le dîner et une formule était devenue rituelle :

— Tu viens « faire tes soins », Marthe?

Il ne savait plus où se mettre, s'efforçait de penser à autre chose pour chasser des images trop précises.

Il n'y avait que tante Émilie à en parler moins, à ne jamais s'occuper de ça, mais elle avait toujours une façon apitoyée de regarder Jean, de l'entourer de menues prévenances.

— Ce soir, je t'ai préparé une petite crème au citron.

On insistait trop. On rendait l'atmosphère de la

maison étouffante. Quand il partait à motocyclette, on le suppliait :

— Fais attention, Jean !

Et quand il rentrait on lui demandait s'il n'avait pas pris froid ! A croire, parfois, que c'était lui le malade, ou qu'une catastrophe qu'il était seul à ne pas prévoir était suspendue sur sa tête.

— Je dois dire, murmurait tante Hortense en s'arrêtant devant la mer, qu'elle est assez courageuse. Je parie qu'elle ne t'avoue jamais qu'elle souffre...

— Elle souffre tant que cela ?

— Bien sûr, mon pauvre Jean. Elle n'a jamais été forte. Ses organes...

Encore un mot qui le faisait grincer des dents ! De grâce ! Qu'on lui épargne ces précisions !

— ... n'ont jamais été développés normalement...

Était-ce pour lui faire comprendre qu'il n'était pour rien dans la maladie de sa femme ?

— Écoute, tante...

— Quoi ?

— Je ne sais pas...

— Qu'est-ce que tu as voulu dire ?

— Rien... Ou plutôt... Vous êtes bien gentilles, tante Émilie et toi, mais...

— Mais quoi ?

— Rien ! Je te demande pardon...

Il l'embrassa au front, ajouta :

— Rentrons !

Il était d'autant plus maussade qu'on lui avait gâté une belle journée. Et ce n'était pas tout ! Le reste était moins grave, mais le mettait néanmoins de mauvaise humeur. Les autres, en revenant de la batterie, avaient dû s'arrêter au café, ce qui créait une animation extraordinaire...

Il ne pouvait pas y aller, bien sûr, avec Marthe

malade. Il ne pouvait même plus y entrer de la journée, quand il passait, car, avec Sarlat, ils ne se parlaient plus. Comme ils ne se parlaient plus, le boucher, qui était le grand ami de Justin, ne lui parlait plus non plus! Et...

Il entra, s'essuya les pieds au paillasson, pénétra dans la cuisine où tante Émilie marquait des draps au coton rouge.

— Bonsoir, Jean! dit-elle tristement en lui tendant le front. Tu n'es pas trop fatigué?

— Mais non!

Pourquoi aurait-il été *trop* fatigué?

— Marthe est là-haut...

— Je sais!

— Tu montes tout de suite? Tu ne veux pas manger un morceau?

Il retira ses souliers cloutés, assis dans son fauteuil d'osier, le seul de la pièce, qui lui était réservé comme au chef de famille. Émilie lui apporta ses pantoufles de feutre et remarqua :

— Tu as le sang à la tête.

Comme toujours quand on travaille à la batterie, parbleu! Ce n'était pas la peine, pour si peu, de le regarder avec commisération.

— Bonsoir, tante!

— Bonsoir, Jean.

La même componction, le même ton pénétré que les parents qui s'embrassaient le jour du mariage.

— Ne la réveille pas.

Il monta, poussa la porte de sa chambre et trouva Marthe encore habillée, assise près de la fenêtre, dans l'obscurité. Il voulait lui dire quelque chose de gentil et il prononça malgré lui :

— Qu'est-ce que tu fais là?

Elle se troubla, comme prise en faute, se leva maladroitement.

— Rien...
— Tu n'es pas couchée?

Est-ce qu'il ne le voyait pas?

— Je t'attendais.
— Et si j'étais rentré plus tard?
— Cela n'aurait rien fait. Je dors plus qu'assez.

Il eut le tort d'allumer et s'en repentit tout de suite. Dans la demi-obscurité, avec seulement un halo diffus qui venait par la fenêtre ouverte, le visage de Marthe était presque semblable à celui du rêve. Il aurait dû en profiter. Maintenant, il était trop tard, car c'était le visage quotidien de sa femme qu'éclairait la lampe électrique. Il l'embrassa quand même, balbutia :

— Tu as eu mal?
— Non.
— Pas du tout? insista-t-il, soupçonneux.
— A peine! Je vais beaucoup mieux.

Qu'est-ce que ses tantes lui racontaient? Pourquoi n'était-on pas plus franc avec lui? Quand ses tantes parlaient de Marthe, on aurait pu croire que celle-ci était mourante et qu'elle souffrait le martyre. Et c'est tout juste si on ne chuchotait pas déjà dans la maison comme dans une chapelle ardente!

Or, Marthe était debout, dans sa petite robe de toile blanche à fleurs, une robe qu'elle portait quand elle était jeune fille. Elle n'avait certes pas beaucoup de couleurs, mais son regard était vivant et elle souriait.

— Tu as bien mangé?
— Très bien. Ce soir, on nous avait préparé un cassoulet avec une oie entière et Jourin nous racontait...

Il en oubliait tout de suite qu'elle était malade. Il retirait sa chemise, fermait la fenêtre pour enlever son pantalon et passer sa chemise de nuit.

— Tu ne te déshabilles pas?
— Si!... Alors, Jourin?...
— ... tu sais comment sont ses histoires...

Et soudain :

— Tu as la réponse de ton père?

Il se couchait le plus naturellement du monde, s'interrompait :

— Tu ouvriras la fenêtre avant d'entrer dans le lit.

Puis, renchaînant :

— Qu'est-ce qu'il a dit?

Cela se rattachait aux incidents du mariage, un mois plus tôt. Plusieurs fois, Jean avait été intrigué par certaines phrases de Sarlat et il avait failli aller demander le renseignement à la mairie.

En fin de compte, il n'avait pas osé, à cause des tantes. Il n'avait pas davantage osé les questionner et il avait dit à Marthe :

— Demande donc à ton père ce qu'il a voulu insinuer.

Et Marthe, maintenant, était embarrassée.

— Cela te fait quelque chose? questionnait-elle en se coiffant pour la nuit.

— Non. J'aime savoir, simplement!
— Qu'est-ce que tu penses?
— Je ne sais pas. Mes tantes m'ont toujours dit que j'étais le fils de leur frère Léon qui est mort au Gabon et d'une jeune fille de Saintes qui est morte aussi...

N'empêche qu'il ne s'appelait pas Laclau, mais Jean tout court. Il ne mentait pas en prétendant que cela ne l'affectait pas outre mesure. Cependant...

— Eh! bien, il paraît que, d'après les papiers de la

mairie, tu ne peux pas être le fils de Léon Laclau, vu qu'il était au Gabon depuis trois ans quand tu es né...

Il était couché, les yeux ouverts. Des papillons de nuit se heurtaient à l'ampoule électrique.

— Alors, de qui suis-je le fils?

Il se gratta le nez. Marthe ne répondit pas. Il poursuivit après un silence :

— Si je ne suis pas le fils de leur frère, pourquoi m'ont-elles recueilli?

Encore un silence. Des épingles à cheveux entre les dents, Marthe, en combinaison, levait les bras, découvrant l'ombre des aisselles.

— Ton père ne t'a rien dit d'autre?

Elle fit non de la tête, à cause des épingles.

— Que je ne sois pas le fils de Léon Laclau, cela m'est égal. Ce n'était pas un type sympathique...

Il ne le connaissait qu'en images, comme un personnage de légende, d'après l'album de photographies. Alors que ses deux sœurs, Émilie et Hortense, étaient brunes et solides, c'était un rouquin au visage de travers, aux yeux clairs (quelqu'un avait dit à Jean que Léon Laclau avait les yeux jaunes) et il n'avait rien fait de bon dans la vie, à tel point qu'il avait terminé son service militaire dans une compagnie de discipline.

— Tu comprends? expliquait Jean, il faut quand même que je sois le fils de quelqu'un.

— Qu'est-ce que cela peut te faire?

— Évidemment! Ton père est toujours furieux après mes tantes?

— Lui? Il n'est jamais furieux. Il fait semblant, comme ça, pour s'amuser, mais on ne sait pas au juste ce qu'il pense. Tiens! Je suis sûre qu'il t'aime bien.

— Ah!
— Ne ris pas! Je ne dis pas cela pour te faire plaisir, ni pour te remettre avec lui. Il y a des gens qu'il ne peut pas sentir, mais, avec ceux-là, je t'assure qu'il est autrement.
— Et ta mère?
— Quoi, ma mère?
— Il l'aime bien aussi?
— Ne parle pas ainsi! C'est plus compliqué que tu ne crois. Les gens se figurent qu'il le fait exprès de la rendre malheureuse. Ma mère n'est pas malheureuse.
— Tu n'en as pas fini avec tes cheveux?
— Je viens!

Un instant, il aperçut ses seins qui n'étaient pas beaux, puis il sentit son corps maigre contre le sien, ses pieds nus sur ses mollets.

— Tu verras que tout cela s'arrangera, murmura-t-elle.
— Tout quoi?
— Tout! Tes tantes et mon père! Et le reste! Ces choses-là finissent toujours par s'arranger. Bon! j'ai oublié d'ouvrir la fenêtre...

Il fut sur le point de se lever mais, comme elle en esquissait déjà le mouvement, il la laissa faire.

— J'ai proposé à tes tantes de tuer un chevreau pour le jour de la batteuse.
— Qu'ont-elles répondu?
— Que ce n'était pas la peine de donner un chevreau à tous ces fainéants. Chez moi, on va rôtir un cochon de lait.

Cela ne lui fit pas plaisir, il n'aurait pas pu préciser pourquoi.

— Bonsoir, Marthe.

Quelques instants plus tard, elle questionnait :
— A quoi penses-tu?

— Je ne pense pas.

C'était vrai et pas vrai. Il essayait de se souvenir de son rêve, de revoir le visage irréel de Marthe qui ressemblait aux vierges des images religieuses.

Ainsi, depuis des générations, le bois de la Richardière...

Dans l'obscurité, il déroulait maladroitement une sorte d'écheveau qui découlait de cette vérité première.

Le jour du mariage, il avait été frappé de voir les gens s'embrasser, se saluer en se tutoyant, des gens de quarante ans ou de soixante qui, parfois, ne s'étaient pas vus pendant des années et des années, ou qui habitaient porte à porte et ne se rencontraient qu'à la faveur d'un enterrement...

Ainsi ses tantes et Adélaïde qui étaient du même âge et qui avaient dû aller ensemble au bal, parler en riant des garçons, se disputer celui qui, à cette époque, était le plus beau gars du village, comme Jean l'avait été les derniers temps...

Ce n'était pas une découverte, bien sûr, mais il n'y avait jamais pensé auparavant. Il comprenait seulement que le village qu'il voyait, le village immobile, avec chacun à sa place, avait été peuplé d'une jeunesse instable et qu'une apparence de solidité ne s'était faite qu'à coups d'amourettes (de saillies, comme disait Jourin) et de mariages, à coups de disputes aussi, sûrement, avec des crises de désespoir et des colères!

Deux fois en quelques minutes, il changea de côté et Marthe questionna, car elle ne dormait pas non plus:

— Tu n'es pas bien?
— Tais-toi! Je dors.

Comment avait-il pu vivre jusqu'à vingt-huit ans

sans s'aviser d'une vérité aussi simple : que rien n'est définitif, stagnant, que personne ne peut s'arrêter un instant, ni se soustraire au courant qui l'emporte, au fleuve qui passe? Un mois plus tôt, Jean était un jeune homme qui ne s'inquiétait pas davantage de l'avenir que du passé, comme s'il eût été seul au monde.

Il pensait soudain à Léon Laclau qui, avec ses cheveux roux et ses yeux jaunes, avait une tête de clown et qui était mort au Gabon...

Maintenant, il n'était plus son fils!

Était-il encore le fils de la jeune fille dont il ignorait le nom et qui était morte à Saintes en lui donnant le jour?

Il n'en avait pas fini avec le passé qu'il faisait déjà partie de l'avenir, puisqu'il était couché dans son lit avec sa femme et qu'il pourrait, lui aussi, avoir un enfant...

Il en ressentait un vague effroi. Des mots entendus quand les hommes parlaient entre eux prenaient enfin leur vrai sens :

— Du temps du grand-père, ils avaient des terres jusqu'à Esnandes...

Or, il s'agissait de gens de quarante ans dont on avait vendu le petit bien à l'encan, avec les meubles et les outils entassés devant la porte...

Ou encore on disait :

— Sa fille a épousé un instituteur de Lhoumeau qui s'est tué dans un accident de moto et maintenant elle vend des fromages au marché...

N'y avait-il pas de quoi faire peur? Ces vies qui se nouaient, se dénouaient, et sa propre vie qui s'en allait Dieu sait où...

Lui qui avait pensé que, parce que ses tantes possédaient le Coup de Vague, trente hectares de bonne terre, deux maisons dans Marsilly et des obligations, il était à l'abri du hasard jusqu'à la fin de ses jours!

— Un soir qu'il avait bu, il l'a tuée à coups de hache...

Ce n'étaient pas des histoires de journaux, qui se passent n'importe où, mais des histoires du pays, des histoires de gens qu'il rencontrait. L'homme qui avait tué sa femme à coups de hache avait maintenant soixante ans et travaillait au four à chaux!

Encore une phrase :

— Qu'est-ce qu'il aurait pu faire avec une femme toujours malade et des enfants pas comme les autres?

Marthe ne dormait pas, il le sentait. Peut-être comprenait-elle que, comme on disait, il avait la fièvre. Car il brûlait. Sa gorge était sèche. Il aurait aimé boire un grand verre d'eau.

Ainsi, parce qu'une fois il lui avait donné rendez-vous dans le bois de la Richardière...

Et elle? N'était-ce pas encore pis? On parlait de l'opérer! L'année d'avant, à la fête, c'était encore une jeune fille qui discutait des garçons avec les autres!

Quant à lui, ses journées étaient réglées comme il aimait qu'elles le fussent, avec un temps pour chaque besogne, des haltes dans la cuisine, pour manger, près de la fenêtre, puis le camion automobile, la cour de la Petite Vitesse, la moto, les parties de billard et ses tantes qui étaient toujours là...

— Tu as chaud, Jean.

— J'ai soif, souffla-t-il.

Ce fut elle qui se leva et qui, pieds nus, alla lui chercher un verre, et resta debout près du lit pendant qu'il buvait.

Il en fut ému. C'était le jour. Peut-être était-il aussi ému sur lui que sur elle.

— Ne prends pas froid, Marthe.

Elle se recoucha et il mit du temps à se rapprocher d'elle, à cause d'une sorte de pudeur. Il n'avait pas l'habitude. Il avança un bras, comme par hasard. Elle ne bougeait pas. Elle attendait.

Tante Émilie, qui avait fini de marquer les nouveaux draps, montait se coucher et on entendait glisser ses pantoufles sur le plancher de la chambre voisine.

Marthe faillit dire :

— Qu'est-ce que tu as?

Jean respirait d'une façon irrégulière.

Heureusement qu'elle ne le dit pas. Car, au même moment, il avança encore un peu, les yeux fermés, pour que ce fût comme dans son rêve et, frottant sa joue rugueuse de barbe à celle de sa femme, il murmura :

— Je t'aime bien, Marthe!

Elle dut le repousser doucement, quelques minutes plus tard; il s'était endormi dans une mauvaise position et respirait de plus en plus mal.

V

Trois fois coup sur coup, la même semaine, il y eut bagarre, ou escarmouche, et les trois fois ce fut pour Jean comme si des choses jusque-là inanimées, neutres ou bienveillantes, s'étaient soudain révélées hostiles. Cela lui aurait fait un peu la même impression, dans un cauchemar, de voir les murs se mettre en mouvement et se resserrer sur lui.

D'abord le déjeuner du jour de la batteuse. Car, comme on avait fini de battre à midi, il n'y avait aucune raison de servir à dîner. Cela incombait au voisin, dans le champ de qui on conduisait déjà la machine.

Il y avait du bœuf à la mode et du lapin. Jean avait objecté que cela ferait la cinquième fois qu'on mangerait du lapin ; tante Émilie avait répondu que les autres fois ne la regardaient pas et que celui qui n'aimait pas le lapin n'aurait qu'à aller manger chez lui.

En définitive, ce ne fut pas plus mal qu'ailleurs. Il y avait de tout à volonté et des bouteilles de vin blanc et rouge sur la table dressée dans la cour, à l'ombre du camion automobile.

Ce n'était pas plus mal, mais c'était différent. A la Richardière, au Moulin-Neuf, partout, c'était une bombance générale à laquelle participaient les femmes, les filles et jusqu'aux grand'mères qui venaient écouter les histoires d'après boire. On se levait de table avec son assiette pour aller s'asseoir sous un arbre et on ne s'éloignait pas de cinq mètres si on avait des besoins à faire ; on continuait même la conversation commencée.

Les tantes, elles, étaient correctes. Elles avaient passé des tabliers à petits carreaux bleus sur leur robe noire. Debout près de la table, à proximité de la cuisine, elles veillaient à ce que rien ne manquât et faisaient le service.

Jusqu'à Marthe qui, à son insu, aidait à donner cette impression que les hommes de la batterie étaient reçus par les gens du château, comme cela arrive à l'occasion d'un anniversaire ou d'un événement mémorable.

Elle avait voulu bien faire et aider de son mieux. Elle avait revêtu une robe très gentille, une toilette d'été qui, complétée par un chapeau de paille à larges bords, la faisait ressembler à une promeneuse élégante.

Les tantes n'avaient rien dit. Jean non plus. C'était sans importance. D'ailleurs, le déjeuner n'était pas fini que Marthe, chez qui un instant auparavant Jean avait remarqué deux petits creux aux côtés du nez, pénétrait vivement dans la maison. Peu après, tante Hortense y entrait à son tour et enfin, on ne tardait pas à entendre du bruit dans la chambre du premier. C'était peut-être l'habitude, mais Jean crut sentir l'espace d'une seconde, un léger relent d'éther.

Il regarda Hortense quand elle revint. Hortense fit signe que ce n'était rien. Depuis sept jours que durait cette ripaille sempiternelle, il n'était plus besoin de beaucoup de vin pour donner un tour guilleret à la conversation.

Ce fut le vieux qui commença, celui-là qui avait déjà fait ses confidences au sujet du bois de la Richardière. Il raconta, en patois, une histoire que Jean ne connaissait pas et qui était non seulement graveleuse mais sale, d'un mauvais goût gênant.

Alors Hortense, qui était présente, de prononcer avec ce calme, cette froideur qui rendait ses observations si désagréables :

— Vous n'avez pas honte, à votre âge?

Il y eut du flottement autour de la table et le vieux commença par baisser la tête sur son assiette, mais ce fut pour la relever aussitôt, les yeux pétillants de malice.

— Dis donc, ma fille...

Aucune grâce dans sa voix, dans son attitude. Il affectait une certaine condescendance ironique et c'était assez inattendu de voir tante Hortense, grande et dure comme une tour, traitée comme une petite fille.

— ... tu ne crois pas qu'il y a des gens qui n'ont que le droit de se taire?

Alors, contre toute attente, Hortense ne broncha pas, ni Émilie qui écoutait, les mains jointes sur le ventre.

Cependant le vieux achevait :

— Tu ferais mieux de me servir la goutte, tiens!

Quelques instants auparavant, un convive avait déjà réclamé de l'alcool et Hortense avait répondu d'un ton catégorique qu'on n'en servait pas à midi et qu'il y avait assez de vin à table.

Elle n'en alla pas moins dans la maison chercher une bouteille blanche et un verre à fond épais. Elle servit le vieux qui dit en reniflant :

— A ta santé, ma fille!

Pour Jean, ce fut une impression étrange. Il était humilié pour ses tantes, pour la maison car, si la prise de bec n'avait pas été loin, Hortense avait cédé sur toute la ligne, devant les gens, y compris sur la question de la goutte.

Et que faisait-elle, quelques minutes plus tard, dans son bureau, avec le même vieux? Jean les y avait vus, alors que les autres s'apprêtaient à partir. C'était la tante qui parlait, mais s'il voyait ses lèvres remuer et sa tête s'agiter, il ne pouvait, à travers les vitres, percevoir les paroles.

Comment avait-il encore dit?

— *... des gens qui n'ont que le droit de se taire...*

Dans l'après-midi, Jean répéta la phrase quatre ou cinq fois et chaque fois il revit tante Hortense qui, devant tout le monde, battait en retraite.

C'était le surlendemain dans la matinée. Jean n'était plus de corvée à la machine et, comme la saison des moules ne tarderait pas à battre son plein, il était sous le hangar, à goudronner des pieux.

Il pouvait vraiment se croire dans la paix d'une oasis, ou d'un couvent : au fond, le mur rose de la maison, avec une seule fenêtre de ce côté; dans la cour, un rectangle d'ombre et un rectangle de lumière, quelques poules que deux coqs poursuivaient sans répit; la grille ouverte sur la route, sur la mer déserte...

— Jean! Tu es là? Jean!...

C'était tante Émilie qui arrivait de l'autre partie des bâtiments, des brins de paille sur la robe et dans les cheveux.

— Tu devrais prendre ta moto et aller chercher Rachin...

Rachin, c'était le vétérinaire, qui habitait Nieul.

— Tu n'as pas téléphoné? demanda-t-il.

— On me dit qu'il doit être à la foire d'Esnandes et qu'il ne rentrera pas avant ce soir. Je crois que la vache va y passer...

Il ne se lava même pas les mains, qui sentaient bon le goudron. Il dépendit sa veste qu'il avait mise à un clou, passa ses doigts dans ses cheveux, monta sur sa machine et la cour s'emplit de vacarme. Il devait être onze heures et demie environ. Comme il allait atteindre le village, des explosions l'avertirent qu'il n'y avait plus d'essence dans le réservoir.

Or, l'essence, ce n'était qu'au Café de la Poste qu'on en trouvait. Pour ne pas s'y arrêter, Jean avait l'habitude de se servir en ville, ou n'importe où en route, mais aujourd'hui il ne pouvait aller plus loin.

Dès le tournant, il vit la pompe rouge à côté du vélum déteint qui ombrageait les deux guéridons verts et les quelques chaises de la terrasse.

Justin Sarlat était là, avec trois ou quatre autres, devant des verres couleur d'opale. Il avait trouvé une nouvelle originalité : sur la tête, il portait, non plus un chapeau de paille, mais un casque colonial kaki qui donnait à toute la place un vague aspect exotique, d'autant qu'un palmier se détachait sur le blanc cru d'une façade.

Jean savait qu'on le regardait venir, qu'on faisait des réflexions sur son compte. Il arrêta néanmoins sa machine sous la pompe, passa la tête dans l'ombre du café, lança :

— Cinq litres, s'il vous plaît!

Le patron était absent. On voyait la patronne

occupée dans la cuisine d'où parvenaient des grésillements et des odeurs.

— Vous voulez attendre un instant? Mon fricot va brûler...

Des maçons en blouse plâtrée mangeaient à une table de marbre. Une voix, celle de Justin, interpella Jean.

— Dites donc, beau-fils, si vous en profitiez pour boire l'apéritif avec nous?

Jean n'eut pas besoin de les observer longtemps pour comprendre qu'on voulait se moquer de lui. Justement à cause de cela, il répondit avec calme :

— Volontiers.

On ne s'y attendait pas. Le boucher céda sa place et alla chercher une autre chaise. Justin demanda :

— Qu'est-ce que vous prenez? La même chose que nous?

Outre le boucher, qui avait un certain âge, et le maréchal-ferrant dont l'antre noir s'ouvrait en face, il y avait le nouvel instituteur, un jeune homme de vingt-quatre ou vingt-cinq ans aux longs cheveux d'artiste.

— Va le servir, boucher! Avant que Mélie ait fini son fricot...

Jean attendait, sachant qu'on ne tarderait pas à l'attaquer, décidé à ne pas reculer. D'être assis là, à cette heure, lui donnait d'ailleurs une curieuse impression de dépaysement.

Le bistrot avait beau se dresser en plein cœur de Marsilly, il n'en formait pas moins dans le village comme une enclave, un monde à part. Des tas de gens, même des vieux, n'y avaient jamais mis les pieds, tandis que d'autres y étaient à demeure, y tenant leur quartier général.

Ceux-là, de la terrasse l'été, l'hiver de l'intérieur où

trônait un gros poêle, regardaient et commentaient avec des sarcasmes la vie du pays.

Le propriétaire de l'autobus, qui conduisait lui-même, venait à chaque halte dire son petit mot et c'était un ancien colonial qui, assurait-on, avait fait de la prison.

— A votre santé, beau-fils! Voilà bien longtemps que je n'ai eu le plaisir de vous voir.

Les autres attendaient, pressentant qu'on allait rire. Jean attendait aussi, résolu à être du côté des rieurs.

— Comment vont les deux chipies?

L'orage approchait. Jean levait deux yeux déjà chargés de colère vers Sarlat qui était un peu trop rose et qui souriait d'un air faussement bonhomme.

— Vous avez dit?

— Je t'ai demandé des nouvelles des deux chipies. Tu ne les as pas encore empoisonnées? T'as de la patience, mon gars!

Il venait de le tutoyer et des rires commençaient à détendre les visages cependant que la patronne manœuvrait enfin la pompe à essence.

— Je suppose que ce n'est pas de mes tantes que vous avez voulu parler?

Et Justin avec un gros rire :

— Appelle ça des tantes si tu veux!

Ce n'était pas si facile que ça! Pour se battre, il fallait se lever et contourner la table. Et attaquer en outre un homme assis, confortablement installé, les jambes croisées, un voltigeur aux lèvres.

— Il y a peut-être des injures, monsieur Sarlat, que vous devriez être le dernier à vous permettre de proférer?

Il n'avait pas l'habitude de la bagarre. Ses narines frémissaient. Ce qu'il venait de dire, c'était une allusion à un fait qu'il ne connaissait, par sa tante Hortense, que depuis quelques jours. Non seulement certain matin, Justin était venu exiger le mariage pour sa fille, mais encore, sous prétexte que ses affaires tournaient de plus en plus mal et qu'il risquait la prison, il avait emprunté cinquante mille francs.

Il avait dit *emprunté*. De l'argent, bien entendu, qu'on ne reverrait jamais! Et ce soi-disant emprunt n'était ni plus ni moins qu'un chantage!

— Écoute, Jean...

Il était calme, lui. Il se penchait pour s'accouder à la table, en homme qui va prononcer des paroles mémorables. Il retirait son cigare de sa bouche, prenait son temps, regardait son interlocuteur dans les yeux.

— Il y a honnêtes gens et honnêtes gens! Il y a crapules et crapules! Enfin il y a les chipies, ce qui est la plus vilaine race. Cela m'ennuie de te parler de cela, puisque ma fille est dans leur maison, mais ce que tu appelles tes tantes, ce sont deux fameuses chipies. Tu m'en diras des nouvelles plus tard.

Les autres, il n'y avait pas à en douter d'après leur physionomie, étaient de son avis. Il ne pouvait être question de répondre. Ou alors il fallait entrer dans certains détails qu'il valait mieux ne pas crier sur la place publique.

Jean, au surplus, ne se sentait pas si fort de son droit qu'il l'aurait cru. Il voulait quand même faire quelque chose. Il se leva, déploya toute sa taille et se pencha par-dessus la table pour saisir son beau-père aux épaules et le secouer.

Ce faisant, il renversa une carafe et un verre. Le boucher lui attrapa le bras droit. L'instituteur le poussa. Il y eut une courte bousculade pendant laquelle Justin eut le temps de se lever, de s'approcher de Jean qu'on maintenait à certaine distance de lui.

— Tu comprends, fiston, je me suis assez battu pendant la guerre et peut-être que tu es plus fort que moi. Mais tu peux répéter à tes tantes ce que je t'ai dit. Tu peux demander au boucher et aux autres si j'ai raison...

— Ça fait douze francs vingt-cinq! vint fort à propos déclarer la patronne.

Il valait mieux payer et s'en aller. Jean voulut aussi payer son apéritif et la casse, mais Sarlat s'y opposa. Quand il monta sur sa machine, il vit qu'il y avait des femmes sur les seuils et des enfants qui revenaient de l'école et qui s'étaient arrêtés pour assister à la scène.

Ses tempes bourdonnaient. Il roula à toute allure, faillit déraper dans le virage à gauche de l'église et entra dans Esnandes aux rues encombrées de carrioles sans se donner la peine de ralentir.

Jamais il n'avait été aussi humilié de sa vie. Et ce n'était pas seulement parce qu'il n'avait pas eu le dernier mot. Il avait eu l'impression, sans pouvoir se l'expliquer, que ce n'était pas lui qui avait raison.

— Dis donc! T'as pas vu le vétérinaire?

— Il doit être à la ferme Roulleau.

Il se faufilait entre les baraques de toile où on vendait des tabliers, des outils et des sabots.

— Le vétérinaire n'est pas ici?

— Il est passé voilà un instant.

Il le trouva enfin, fit sa commission, revint à Marsilly et traversa la place sans se retourner, dans un ronflement puissant de sa machine.

— Il va venir, annonça-t-il à Émilie.

— On dirait que tu as chaud. Tu n'avais pas mis ta casquette?

— Ce n'est rien. Marthe est là-haut?

— Je n'ai pas voulu qu'elle se lève. Hortense est de mon avis. C'est le moment de ses migraines.

Oui! Bon! Mais, pour l'amour de Dieu, qu'on ne lui donne pas tous ces détails-là! Les femmes ne peuvent-elles donc garder leurs misères pour elles?

— Où vas-tu?

— Je reviens!

— On ne tardera pas à manger.

Tant pis! Il avait besoin de marcher. Il arpenta la digue de gros galets en recevant dans les yeux tous les reflets de soleil que lui renvoyaient les millions de facettes de la mer.

On continuait à lui compliquer la vie, non seulement la sienne, mais la vie telle qu'il la voyait. Ainsi, cette dispute idiote au Café de la Poste bouleversait toutes ses idées sur le village, donnait à celui-ci comme une quatrième dimension.

Combien de fois Sarlat avait-il répété le mot chipie? Et les autres d'approuver, comme si aucun doute n'eût été possible! Même l'instituteur, qui était jeune et nouveau dans le pays!

Jean savait d'ailleurs qu'il détestait les propriétaires et en général tous les paysans. Il ne le cachait pas aux enfants, à qui il disait tout ce qu'il pensait.

Le père d'un gamin, un conseiller municipal qui avait bien cinquante hectares à lui, était allé le voir, une fois après la classe, parce qu'il avait bousculé son fils.

Pendant cinq bonnes minutes, il avait essayé de parler sans que l'instituteur levât les yeux des cahiers qu'il corrigeait.

— Je vous parle, entendez-vous? hurlait enfin le père de l'élève qui n'avait jamais été reçu ainsi.

L'autre avait montré des yeux étonnés, avait fait le tour de la classe et était allé ouvrir la porte.

— Est-ce que vous me direz ce que signifient ces manigances? Est-ce que vous êtes sourd ou est-ce que vous êtes un insolent?

Alors l'instituteur, de la main, avait montré sa tête. L'autre n'avait pas compris et instinctivement avait cherché une glace pour s'y regarder, mais il n'y en avait pas à l'école.

— Je vous préviens que j'écrirai à notre député!

Même signe de l'instituteur et enfin le paysan avait porté la main à son crâne, ou plutôt à sa casquette qui s'y trouvait enfoncée, avait retiré celle-ci pour regarder ce qu'elle avait d'extraordinaire.

— Voilà! avait soupiré l'instituteur, comme soulagé. J'ai horreur qu'on entre ici et qu'on me parle la casquette sur la tête. Maintenant, j'aime autant vous déclarer tout de suite que, quand votre fils viendra encore à l'école avec de la morve au nez et les oreilles pleines de saleté, je le renverrai à la ferme jusqu'à ce que vous vous décidiez à le nettoyer...

Pourquoi Jean pensait-il à cette histoire qu'on lui avait racontée? Il n'était pas question de cela, mais du mot que Sarlat avait répété :

— ... *les deux chipies*...

Et pas non plus du mot, en définitive, mais de quelque chose de plus subtil, d'une attitude qui n'était pas seulement celle de Justin mais celle de tout le groupe du Café de la Poste.

Jean avait senti, chez ces gens-là, un mépris tout spécial, qu'il ne s'expliquait pas nettement mais dont, par instant, il croyait deviner les causes. Il est vrai que, quand il voulait les préciser, cela se brouillait dans son esprit.

Sarlat battait sa femme, la pauvre Adélaïde, et tout le monde était d'accord pour la plaindre. Depuis des années et des années, il ne vivait que de son argent. Il l'avait ruinée. Et, quand il avait appris ce qui s'était passé entre Jean et sa fille, il était accouru au Coup de Vague pour en profiter.

Pourquoi Jean ne parvenait-il pas à le mépriser ? Pourquoi, tout à l'heure, avait-il eu une certaine satisfaction à s'asseoir à la terrasse du café et à regarder le village de cet observatoire ?

Comme quand il était petit, quand ses tantes lui disaient :

— Je te défends d'aller jouer dans la rue...

Ou bien...

— Tu ne vois pas que ce sont de petits voyous et que tu apprendras leurs manières ?

On l'avait mis en classe à La Rochelle. Il n'avait jamais été à l'école du village.

C'était peut-être pour cela qu'il était étonné en voyant tous les autres, y compris les vieux, hommes et femmes, se tutoyer et évoquer des choses qu'il ne connaissait pas.

Il jouait au billard. Il y était un des plus forts. Il allait dans les bals et les filles chuchotaient :

— Jean est là !

Mais, justement, si on annonçait ainsi sa présence, c'est qu'il n'était pas comme les autres !

Fût-ce pour les moules ! Les bouchoteurs de Marsilly faisaient faire leurs transports par un camionneur de La Rochelle qui venait charger chaque jour, tandis que ses tantes avaient acheté un camion automobile pour elles seules.

Il était vexé, mal à l'aise. On l'avait vidé du Café

de la Poste où il n'était pas à sa place et maintenant il allait rentrer au Coup de Vague, entendre tante Hortense qui soupirerait :

— Elle a encore bien souffert aujourd'hui, mon pauvre Jean!

C'était tous les jours pareil, les tantes qui le plaignaient, l'entouraient de petits soins attendris et Marthe, dans sa chambre, qui faisait la brave, souriait, jurait qu'elle n'avait pas si mal que ça et que, pour le printemps suivant, elle serait rétablie!

Pourquoi, ce jour-là, en passant par le petit bureau qui était surtout celui de tante Hortense, s'arrêta-t-il devant les deux portraits pendus aux murs, dans des cadres ovales?

C'étaient des agrandissements photographiques, celui de la mère et celui du père de ses tantes. Celui du père avait dû être fait d'après un mauvais portrait, car il était pâle, comme effacé. Un long visage, trop long, trop étroit, un visage qu'on eût dit étiré dans la matière molle avec, en tout et pour tout, le repère de deux moustaches tombantes et, au sommet du front, une touffe de cheveux légers.

C'était Laclau, Hector Laclau, et Jean savait vaguement qu'il était mort à quarante-neuf ans d'une blessure de rien du tout qui s'était envenimée.

La femme, elle, le cou serré dans une guimpe de dentelle noire, un médaillon au milieu de la poitrine, le chignon serré au-dessus du front, avait les pommettes saillantes de tante Hortense, les narines pincées, l'air de commander à une armée de valets.

— On dirait que tu n'es pas bien, remarqua Émilie quand il s'assit à sa place, près de la fenêtre qui en avait encore pour un mois à être ouverte avant les premiers froids.

Il les regarda l'une après l'autre, faillit leur dire :

— Pourquoi m'avez-vous raconté que je suis le fils de Léon?

Et, s'il n'était pas le fils de Léon, que faisait-il dans cette maison?

— Elle parle encore de se faire opérer, annonça Hortense en lui passant un plat de plies.

— Et le docteur?

— Il ne dit ni oui ni non. Il laisse entendre que c'est dangereux. La fille de Bertrand s'est fait opérer de l'appendicite et en est morte huit jours après. Et c'était une forte fille!

Il avait besoin d'agir, ne fût-ce que pour dissiper sa mauvaise humeur et chasser tous ces bouts de pensées qui finissaient par l'exaspérer. Le déjeuner à peine fini, il monta dans sa chambre.

— Si elle dort, ne la réveille pas.

Il ne répondit pas, poussa la porte, entrevit une seconde le visage morne de sa femme sur l'oreiller, mais l'instant d'après, déjà, elle avait eu le temps de sourire.

— Comment vas-tu? questionna-t-il.

Et elle, sans répondre :

— Qu'est-ce que tu as fait?

— Je suis allé chercher le vétérinaire.

— Tu n'as rencontré personne?

Il aurait pu répondre :

— J'ai rencontré ton père!

Mais c'était inutile. Il la plaignait. Il n'était pas capable de toujours s'attendrir et il y avait des moments où cette maladie perpétuellement étalée sous ses yeux l'exaspérait, mais il se rendait compte qu'il devait ménager Marthe.

— Tu restes au lit?

— Tes tantes le veulent. J'aurais pu descendre, m'asseoir à l'ombre, dans la cour, et faire un peu de couture. Ici, toute seule, je m'ennuie. Qu'est-ce que tu as?

— Moi? Rien!

— Ce n'est pas gai d'avoir une femme malade, n'est-ce pas?

— Ce n'est pas ta faute!

On avait fermé les persiennes et il n'entrait que quelques traits horizontaux de soleil qui restaient en suspens dans la pénombre. Marthe était adossée à deux oreillers et il y avait des potions sur la table de nuit, un journal sur la couverture. Sur le plancher bien ciré, les carpettes qu'il avait toujours vues et sur les murs les mêmes chromos, les mêmes aquarelles que depuis son enfance...

— Qu'est-ce que tu fais toute la journée? demanda-t-il en s'asseyant sur le bord du lit.

— J'attends... Puis il y a mes soins...

Encore! Juste au moment où il allait penser à autre chose, où il entrevoyait peut-être la possibilité de vivre autrement, à la fois comme dans son rêve et comme il l'avait vaguement senti le jour où on avait battu le blé à la Richardière...

Car il avait la sensation de plus en plus nette qu'ici il était entouré de toutes parts par des éléments hostiles, dangereux, en tout cas gênants. Le village, depuis qu'il n'avait plus pour lui la netteté d'une carte postale, lui faisait à la fois peur et horreur.

Il commençait seulement à en pressentir la vie complexe et il n'y avait que quelques heures qu'il comprenait la position des deux groupes principaux, celui du Café de la Poste et l'autre, le groupe de ceux dont on ne parlait pas, qu'on voyait à peine, qui vivaient derrière les murs blancs des maisons, derrière les persiennes vertes, et qui ne se retrouvaient, vêtus de noir, sans un grain de poussière, que pour les naissances, les noces et les enterrements...

— C'est vrai que tu veux te faire opérer?

— Le docteur prétend qu'après, je serais tout à fait guérie.

Puis, plus bas, humblement :

— Sauf que je ne pourrais plus avoir d'enfant et que, sans doute, je grossirais... Je ne comprends pas pourquoi... Où vas-tu?

— J'ai une course à faire.

Il prit sa moto, sans dire à ses tantes où il allait. Il passa devant le Café de la Poste mais, à cette heure, il n'y avait personne à la terrasse. Il gagna de nouveau Esnandes d'où revenaient des gens menant des bœufs ou des moutons.

C'était le moment de la consultation du docteur Carré, il le savait, et Marthe était soignée par lui, car on n'avait pas osé retourner chez le docteur Garat, à La Rochelle, et les tantes n'avaient pas voulu avouer la vérité au médecin de Nieul, qui avait toujours été le médecin de la famille.

Jean entra dans une petite pièce sale où dix personnes attendaient sans rien dire, fixant le plancher ou le mur couvert d'un papier éteint.

Le docteur Carré, barbu jusqu'aux yeux, le poil d'un gris indécis, était sale et brutal. Quand il ouvrit la porte de son cabinet pour faire entrer le client suivant, il aperçut Jean et sourcilla, mais ne lui adressa pas la parole.

Une heure s'écoula, la porte s'ouvrant de temps en temps, Jean avançant d'une place derrière une petite fille au visage couvert de croûtes de lait. Et chaque fois que c'était le tour d'un nouveau client, le regard du docteur comme par hasard, tombait sur Jean, un regard froid, presque méchant.

Quand il entra à son tour, dans la pièce où il y avait une sorte de lit articulé et où des cotons sales traînaient dans un seau, le docteur questionna :

— Vous êtes malade ?

Jean, troublé, balbutia :

— Non. Ce n'est pas pour moi. Je voulais vous poser certaines questions...

Un geste du médecin vers la salle d'attente où, un jour de foire, les clients ne cessaient d'arriver.

— Faites vite !

— C'est au sujet de ma femme.

Toujours ce regard froid, comme sans compréhension. Le même docteur ne disait-il pas aux gens :

— Vous en avez pour huit jours. Vous feriez mieux de mettre vos affaires en ordre.

C'était lui aussi qu'un vieux bouchoteur suppliait :

— Il n'y a rien à faire, docteur ?

— Pas grand-chose.

— En y mettant le prix ?

— Qu'est-ce que vous voulez dépenser ? Deux cents, trois cents francs ? Si vous y tenez, je vais vous faire une ordonnance pour trois cents francs de médicaments...

Il était comme l'instituteur : il les détestait ! Et lui les méprisait par-dessus le marché, parce qu'il les voyait aux instants où nul ne songe à crâner. Il fumait la pipe du matin au soir, dans son cabinet, dans la chambre des moribonds, au point d'en avoir les dents brunes de tartre, et il répondait quand on lui en faisait la remarque :

— C'est pour ne pas sentir qu'ils puent !

Il attendait.

— J'aurais voulu que vous me donniez un conseil. Mes tantes ne veulent pas entendre parler de l'opération.

— Ce n'est pas étonnant! interrompit le médecin.
— Pourquoi?
— Parce que cela leur coûterait dans les dix mille francs avec les frais de clinique. Et encore! S'il faut recommencer ensuite...
— Je ne crois pas que ce soit ce qu'elles craignent.

Le docteur attendit à nouveau.

— Ma femme n'a pas peur. Alors, je me demande...
— Et si vous vous l'étiez demandé avant, oui, avant de faire l'amour dans les bois avec une fille qui n'y prenait pas plaisir et qui ne pouvait cacher ses grimaces de douleur?
— Je croyais...

Il était devenu pourpre. C'était la première fois qu'il était ainsi attaqué en face et il avait l'impression d'avoir reçu un soufflet. Aussi la sensation d'une injustice. Il voulait s'expliquer. C'était nécessaire.

— Bien entendu! On croit toujours!
— Je pensais que les premières fois...
— Et quand vous l'avez conduite chez la faiseuse d'anges?
— Ce n'est pas moi!
— Ce sont vos chipies de tantes!

Chipies! Comme Sarlat! Il avait dit le même mot, presque avec le même accent!

— Je l'ai épousée, protesta-t-il, dans un suprême effort.
— Parbleu! Écoutez: j'ai des malades qui attendent. Qu'est-ce que vous êtes venu chercher au juste?

Il fut humble, malgré lui.

— Je voulais savoir s'il fallait l'opérer ou non...
— Si on l'opère, ce ne sera plus une femme. Cela vous est égal? Vous ne tenez pas expressément à

avoir un héritier? Si on ne l'opère pas, il faut des soins constants et elle n'a de chances de s'en tirer qu'après quelques années. Choisissez!

— Mais...

— Mais quoi? Vous voulez peut-être que ce soit moi qui prenne vos responsabilités? Est-ce moi qui ai profité d'elle dans les bois?

Et, mettant soudain fin à l'entretien, avec une lueur malicieuse dans les yeux :

— Ce sera vingt francs.

Jean paya, sortit par la petite porte, comme les autres, traversa la cour et se trouva devant un parasol sous lequel un camelot vendait des rasoirs mécaniques.

Ainsi, depuis que le mouvement était déclenché, la vie se compliquait pour ainsi dire toutes les minutes et le village, avec ses maisons blanches, ses chants de coqs, ses vaches au pré et ses meules qui se doraient dans les chaumes, devenait un monde effrayant!

Le docteur avait dit :

— ... *les chipies...*

A dix mètres de lui, Jean aperçut Jourin qui était venu vendre des bêtes et il fit un détour par crainte que l'autre l'entraînât dans quelque caboulot de sa connaissance, tenu par une grosse femme au rire égrillard et aux cuisses faciles.

VI

Avec les derniers beaux jours, on avait repris le travail au bouchot, les expéditions de moules, l'exode quotidien et rassurant, avec les charrettes, dans le lit de la mer qui se retirait. **La vie** avait à nouveau un rythme, celui des marées, auquel tout le pays obéissait.

Marthe n'allait pas mieux. Jean n'essayait plus de comprendre. Elle avait parfois des douleurs si vives qu'elle en criait et qu'on était obligé de lui administrer des potions calmantes.

Depuis huit jours, elle n'était pas sortie de sa chambre. Par deux fois, Adélaïde était venue la voir, en chapeau et gantée pour franchir un bout de route de six cents mètres sans une maison. Elle avait évité de s'attarder en bas; par contre, elle n'avait pas manifesté d'hostilité. Elle avait sonné à la porte, à la vraie, celle du couloir, ce qui n'arrivait pas deux fois l'an. Et, avec son inaltérable componction :

— Bonjour, Hortense... Bonjour, Émilie... Je vous dérange, n'est-ce pas?... Je peux monter?

La première fois, elle était restée là-haut une demi-heure, sans doute à ne rien faire, sans parler, car on aurait entendu d'en bas un murmure de voix semblable au vol d'un bourdon.

— Bonsoir, Hortense... Bonsoir, Émilie... Vous permettez que je revienne un de ces jours? J'ai pensé que je pourrais lui apporter les livres qu'elle a reçus comme prix à l'école...

Hortense avait répondu :

— Si elle veut lire, il y a plein de livres au grenier.

Lorsque Adélaïde était revenue, trois jours plus tard, Jean était dans la cour, à tripoter à sa moto. Au moment de partir, elle s'était arrêtée près de lui, plus portrait de musée que jamais dans le soleil couchant qui lui faisait une auréole. Elle avait dit, d'une voix impossible à oublier :

— Garde-la bien, Jean! C'est une pauvre petite...

Il lui en voulait de ces paroles troublantes qu'il ne pouvait chasser de son esprit et qui, pourtant, ne suffisaient pas à tout arranger. La veille, il était allé voir les filles, à La Rochelle, par protestation contre un sentiment qu'il ne définissait pas au juste.

Et maintenant qu'on venait de déjeuner, au lieu de faire la sieste il donnait un coup de peinture à son bateau. Peut-être était-ce la dernière journée chaude de l'année? Le soleil était brûlant, plus coloré qu'au mois d'août, le ciel d'un bleu soutenu; par contre la mer, encore que calme, révélait un sourd travail à l'approche de l'équinoxe, et malgré l'absence de vagues on entendait un bruissement mystérieux.

Les bateaux du bourg étaient à terre, sur les gros cailloux de la digue en pente. C'étaient des barques à fond plat, vertes pour la plupart, sauf une qu'on avait peinte en un bleu tellement éclatant qu'elle devenait le centre du paysage.

Le Coup de Vague, avec ses murs roses et ses fenêtres ouvertes, se dressait à vingt mètres et enfin, chose exceptionnelle, une femme était étendue sur les galets, une Parisienne qui avait épousé un garçon du pays devenu chauffeur de taxi et qui était là en vacances avec ses enfants.

Elle s'était mise en maillot de bain et le petit sac qu'elle avait posé à côté d'elle contenait tout ce qu'il fallait pour broder et pour le goûter. Les deux gamins jouaient à jeter des pierres dans l'eau et elle levait parfois la tête pour lancer :

— François ! Attention à ton petit frère...

Jean fronça les sourcils en voyant une jeune fille entrer dans la cour du Coup de Vague et plusieurs fois, par la suite, s'interrompit de peindre pour s'assurer qu'elle ne partait pas encore.

C'était Babette, une fille de vingt-huit ans qui cousait chez Mlle Gléré, dont elle n'était plus l'élève mais plutôt l'associée. Un bec-de-lièvre l'enlaidissait, contribuait à lui donner déjà le caractère vieille fille. Pourtant, deux ans plut tôt, Jean avait eu une telle envie d'elle, pendant huit jours, qu'il passait et repassait devant les fenêtres de Mlle Gléré et qu'au bal de Saint-Xandre il n'avait dansé qu'avec Babette.

C'était sa croupe, tout soudain, qui l'avait ainsi excité, il ne savait pas pourquoi. Il se souvenait encore de la peau moite que sa main avait rencontrée sous les épaisseurs de laine dont Babette était vêtue toute l'année.

Il n'était pas allé plus loin. Il lui avait donné un rendez-vous et s'était bien gardé de s'y rendre. Cela n'avait pas d'importance ; elle n'était pas la seule fille du pays qu'il eût chahutée.

Ce qu'il se demandait, c'est pourquoi elle était venue voir Marthe. Était-ce celle-ci qui l'avait appelée ? Dans ce cas, ce ne pouvait être que par l'intermédiaire d'Adélaïde... Ou bien quelqu'un avait-il chargé Babette d'une commission ?

Il y avait bien un quart d'heure qu'elle avait disparu à l'intérieur de la maison quand il y pénétra à son tour, regarda autour de lui avec cet air qu'il prenait quand un détail ne lui plaisait pas mais qu'il ne voulait pas le dire.

— Babette est en haut? demanda-t-il à tante Émilie qui récurait les casseroles. Qu'est-elle venue faire?

Il se souvenait des filles entre elles, de leurs rires, de leurs histoires sur les garçons et de leurs confidences. Il passa la tête dans la cage d'escalier et écouta le murmure d'un entretien qui coulait avec la régularité d'une source.

Alors il monta à pas de loup, passa sans bruit devant la porte, entra dans la chambre voisine, l'ancien cabinet qu'on avait arrangé pour faire une seconde pièce au ménage et qui était réservée à Marthe — pour ses soins!

Il y régnait la même odeur fade que le matin dans la chambre, une odeur fade et un peu aigre à la fois, qui lui faisait l'effet d'un élément hostile.

La porte était entrouverte entre les deux pièces. Babette disait :

— Tu n'as pas peur?

Et au son de sa voix, à la voix de Marthe quand elle répondit, au rythme de l'entretien, on devinait que les deux femmes étaient assises devant la fenêtre ouverte, occupées à quelque couture, avec parfois un bout de fil ou une aiguille entre les lèvres, des instants d'attention à un passage difficile. C'était si vrai que, par l'ouverture, Jean aperçut sur la table le sac en coton à fleurs dans lequel Babette avait apporté son ouvrage!

— Du moment qu'on m'endort! répliquait Marthe. Je ne comprends pas que les gens aient si peur d'une opération. Il paraît qu'on ne sent rien. On se réveille et c'est fini!

— Et si on ne se réveille pas?

Il aurait dû partir, ou manifester sa présence. Mais il ne résista pas au désir de savoir ce que Marthe pouvait raconter quand il n'était pas là, comment elle pouvait être.

C'était déjà curieux qu'elle n'eût pas tout à fait la même voix. Avec lui, elle était plus molle, plus feutrée, comme pour donner une impression de faiblesse et de docilité.

Avec Babette, c'était différent. Marthe n'était pas gaie, certes, mais elle n'était pas triste, ni préoccupée. Elle racontait sa petite histoire comme elle eût raconté jadis des aventures de jeune fille.

— Tu comprends, si je ne me fais pas opérer, j'en ai pour des années à me soigner et à rester ici, car Jean ne peut pas faire le garde-malade et on n'est pas riches assez pour se payer quelqu'un. Si on m'opère, ce sera tout de suite fini...

— C'est vrai que tu ne seras plus comme les autres?

— Je ne pourrai plus avoir d'enfant.

— Cela t'est égal?

— Je n'en voulais quand même pas.

— Et Jean?

— Je parierais qu'il n'y a jamais pensé. Tu sais comment il est. Du moment qu'il a ce qu'il désire...

Il ne sourit même pas devant les ruses déployées par cette vieille fille de Babette pour savoir certaines choses sans avoir l'air d'en parler.

— Justement! Est-ce qu'il pourra encore avoir ce qu'il désire?

— Je ne sais pas. Mais quelle différence? C'est si peu de chose, au fond! Et c'est tellement loin de ce qu'on imagine! Pour ma part, en tout cas, je veux bien m'en passer toute ma vie. Et j'aime encore mieux, si c'est nécessaire, qu'il aille de temps en temps voir des filles...

Il n'avait jamais entendu cette voix-là, n'avait jamais soupçonné cette Marthe calme et posée qui s'exprimait avec une crue simplicité.

Il y eut un assez long silence. Un objet tomba par terre. Marthe prononça :

— Tu veux bien me donner mon dé? Je risque de me faire mal en me baissant...

De leur place à la fenêtre, elles devaient voir la mer et une partie des barques, sans doute aussi les deux enfants qui jouaient près de leur mère demi-nue.

— Qu'est-ce que je disais? Ah! oui... Une fois remise de l'opération, j'essayerai d'obtenir de Jean que nous quittions cette maison...

— Tu crois que ses tantes lui donneront de l'argent?

— On n'en a pas tellement besoin tout de suite. Il travaillera. Pour ma part, j'aimerais mieux un petit appartement en ville, à La Rochelle ou à Rochefort. Quant à Jean, il est assez instruit pour trouver une place dans un bureau. Il arrivera toujours un moment où nous hériterons de ses tantes et alors, s'il y tient, nous pourrons nous réinstaller ici.

La voix réfléchie de Babette :

— Au fond, tu as toujours aimé la ville, toi! Tu te souviens? Tu disais que tu n'épouserais jamais quelqu'un de la campagne...

Pas de réponse. Un nouveau silence. Une charrette passait, qui apportait des pieux au bord de l'eau. On entendait aussi des cris de mouettes.

Chacune suivait sa pensée. Jean regardait le

plancher, les mains ballantes, et peut-être allait-il sortir quand le murmure reprit.

— Tu as revu Lucien? demandait très doucement Marthe.

Jean sursauta. Il s'agissait de Lucien Vexin, celui de La Rochelle, dont certains parlaient comme de son ancien amant.

— Attends, que je me souvienne... Quand était-ce, la dernière fois?... Il n'était pas à la fête d'Esnandes... Ah! oui, le mois dernier, quand nous sommes allées au « Familia » avec Germaine...

— Il t'a parlé?

— Il est venu à l'entracte et nous a offert de la bière.

Babette remuait ses souvenirs comme des bouts de laine dans lesquels on cherche la teinte assortie.

— On a parlé du film... Attends!... Il m'a demandé si c'était vrai...

— Quoi?

— Que tu l'avais fait partir.

Babette n'osait pas prononcer certains mots et usait pudiquement de périphrases.

— Qu'est-ce que tu as répondu?

— Que tu avais été malade, mais que je ne savais pas ce que tu avais eu.

Un silence, à nouveau. La voix très basse, inquiète, de Marthe.

— Babette!

— Oui?

— Tu n'as rien entendu?

Jean préféra ouvrir la porte, pénétrer dans la chambre, de toute sa taille, de toute sa largeur, de tout son poids. Comme Babette avait un mouvement pour se lever, il lui dit :

— Tu peux rester.

— Tu étais là? questionna Marthe.

— Depuis un moment, oui. J'en avais assez de peindre le canot.

Par la fenêtre, il aperçut la femme en maillot de bain qui avait fait glisser une bretelle pour laisser brunir son épaule.

— C'est gentil d'être venu dire bonjour à Marthe.

— C'est la moindre des choses. Coudre ici ou chez Mlle Gléré...

— Je lui ai demandé de venir de temps en temps me tenir compagnie l'après-midi.

— Ah! oui. C'est toi qui lui as demandé...

Et à Babette :

— Tu lui as apporté des nouvelles de Lucien? Il va bien? Il regrette son ancienne maîtresse?

Ce n'était pas prémédité. Il aurait voulu, au contraire, jouer le beau rôle, se montrer calme, ironique, ce qui aurait été encore plus menaçant. Mais la colère jaillissait malgré lui.

— Il ne viendra pas la voir un de ces jours, lui aussi?

— Jean!

— Il est vrai que, quand nous aurons un petit appartement à La Rochelle...

— Jean!

Il sortit brusquement, lança la porte derrière lui, descendit l'escalier à pas lourds.

— Qu'est-ce qu'il y a? questionna tante Émilie figée dans la paix ensoleillée de la cuisine.

— Qu'est-ce qu'il y aurait?

— Vous vous êtes disputés?

— Pourquoi nous serions-nous disputés?

Il fut dehors, mit sa moto en marche pour aller cuver sa colère n'importe où. Ce n'était pas de la colère pure. Il y avait de tout, de l'humiliation, du chagrin, oui, du vrai chagrin, de celui qu'on appelle de la peine, et aussi du désarroi, voire de l'angoisse.

Les autres étaient là, ceux du Café de la Poste, ceux qui ne doutaient jamais d'eux et qui, installés à leur guéridon comme sur l'Olympe, regardaient en ricanant vivre le village à l'entour.

Justin Sarlat avait adopté une nouvelle manie. Quand il voyait approcher la moto, il se levait et saluait cérémonieusement Jean au passage.

Jean ne les regarda pas, dépassa bientôt Esnandes, fonça à travers le marais à l'horizon si vaste qu'il embrassait d'un seul coup d'œil jusqu'à huit clochers d'églises.

Tranquillement, sans la moindre hésitation, Marthe avait décidé :

— Je me ferai opérer. Comme ça, nous n'aurons plus besoin de personne. Nous irons vivre à La Rochelle ou à Rochefort, dans un petit appartement, et Jean cherchera une place dans un bureau...

Car, sa première rage passée, c'était à ça qu'il pensait, beaucoup plus qu'à Lucien.

Elle disposait de lui, aménageait l'avenir à sa guise! Et Adélaïde avait le culot de pleurnicher :

— Garde-la bien, Jean! C'est une pauvre petite...

Une pauvre petite, vraiment? Une pauvre petite qui confiait à cette vieille fille moite de Babette :

— C'est si peu de chose, au fond!

Et elle était toute fière de mépriser « ça », elle!

— ... Je veux bien m'en passer toute ma vie... Et j'aime encore mieux, si c'est nécessaire, qu'il aille de temps en temps voir les filles...

Justement, il y était la veille!

Le plus extravagant, c'est qu'à chaque instant il sentait sa rancœur prête à fondre. Alors, il se demandait si ce n'était pas plus facile ainsi. Pourquoi pas? C'était un arrangement comme un autre, encore que pris en dehors de lui.

Mais non! Non! Et non! Il préférait faire demi-tour, à pleins gaz, entrer dans la cour en une volte brutale, laisser tomber sa machine contre le mur.

— Elle est partie?
— Qui? Babette? Elle vient de partir. Je m'étonne que tu ne l'aies pas rencontrée.

Il monta les marches quatre à quatre, fonça dans la chambre, questionna, sans prendre le temps de respirer :

— Réponds-moi! Dis-moi la vérité! Il était ton amant?
— Jean!
— Quoi, Jean? Il l'était ou il ne l'était pas?
— Comment peux-tu demander ça, alors que tu as eu la preuve...
— Il t'a embrassée?

Elle baissa la tête, finit par soupirer :

— Ça a de l'importance?
— Il t'a caressée? Réponds! Je veux tout savoir...

Et elle, sincère :

— Pas par-dessous les vêtements.
— Ça te faisait plaisir?
— Non! Mais tu sais bien comment ça va...
— Comme avec moi! ricana-t-il.
— Ce n'est pas la même chose.
— Pourquoi?
— Parce que, pour toi, j'avais toujours eu le béguin. Déjà quand j'avais quatorze ans, je te guettais derrière les rideaux.

Il lui lança un étrange coup d'œil, où il y avait un nouveau soupçon.

— C'est vrai?

— Demande-le à toutes mes amies, à Babette, tiens! Elle te le dira!

— Tu avais déjà l'idée de vivre à La Rochelle?

Elle chercha son mouchoir, comme quelqu'un qui va pleurer. Elle portait le peignoir rose qu'elle s'était acheté pour son mariage, avec des entre-deux en dentelle.

— Tu es méchant aujourd'hui, se plaignit-elle.

Méchant, lui? Il se contenait! Il y avait des moments, au contraire, où il se considérait comme la plus pitoyable des victimes.

Qu'avait-il fait? Ce que tout le monde fait depuis toujours, prendre une fille, un soir, dans le bois. Et il fallait qu'elle en fût enceinte! Il fallait que les tantes l'emmenassent chez cette sage-femme de malheur, puis qu'on l'obligeât à épouser malgré tout...

A épouser quoi? Une femme malade! Une femme qui se traînait de son lit à son fauteuil et qui ne parlait que de soins!

Elle était calme, elle! Elle était contente! Elle avait l'homme qu'elle voulait! Elle s'arrangerait pour lui faire faire ce qu'elle avait décidé! Et, ma foi, pour le reste, elle lui permettrait d'aller de temps en temps voir les filles...

— Qu'est-ce que tu penses, Jean? Je t'ai fait de la peine?

— Toi?... Mais non! Je m'amuse, au contraire!... Tu ne vois pas que je m'amuse, que je suis l'homme le plus heureux de la terre?...

— C'est ma faute?

— Non! Cent fois non! Je sais que c'est la mienne, que c'est moi qui t'ai prise comme une brute et qui... Et tout et tout, quoi! Au point que je mériterais la prison! C'est cela que tu voulais dire?

Il avait vraiment la sensation d'être une victime!

C'était lui qui aurait voulu pleurer. C'était sur lui qu'on aurait dû s'apitoyer. Mais c'était d'elle qu'on disait :

— C'est une pauvre petite!

Il en avait la gorge gonflée. Il avait envie de sangloter et l'instant d'après, en la regardant qui grimaçait, elle aussi, peut-être dans l'espoir de le calmer, il s'apitoyait sur elle, était sur le point de retrouver cette émotion du rêve, cette chaleur indéfinissable, cette sorte de pitié immense, fondante, qu'il avait été tant de fois sur le point de saisir à nouveau mais qui se dissipait aussitôt.

— Écoute, Marthe. Ce n'est pas la peine de nous disputer...

A quoi bon? Si elle était une pauvre petite, il était, lui, un pauvre petit! Ce n'est pas parce qu'il mesurait plus d'un mètre quatre-vingts que...

— Je crois que je suis un peu nerveux ces temps-ci...

— A cause de moi?

— Mais non!

Mais si, au contraire! Pourquoi poser cette question? Était-ce une vie de rentrer chez lui pour trouver ses tantes chuchotantes :

— *Mon pauvre Jean!... Elle ne va pas mieux!... Elle a encore souffert toute l'après-midi et il a fallu lui donner double potion...*

Ce n'était plus le Coup de Vague! Et ce n'était pas davantage sa maison!

Il avait essayé de se persuader qu'il aimait Marthe et il n'avait pas seulement pu s'habituer à l'odeur de la chambre depuis qu'elle y était!

Elle l'apitoyait, voilà tout, avec son pauvre visage tiré, ses yeux qui se cernaient, sa bouche qu'elle ne prenait plus la peine de maquiller, et ses épaules maigres, ses touffes de poils bruns sous les bras et ses longs doigts de pied qui se chevauchaient...

Ce n'était pas seulement la maison qui avait changé : c'était toute la vie! C'était le village qu'il ne parvenait plus à voir comme avant, les gens qu'il regardait avec d'autres yeux, découvrant sans cesse de nouvelles espèces, de nouveaux petits mondes qui lui étaient aussi étrangers les uns que les autres.

Elle pleurait, à présent! Par petites saccades qui faisaient sauter ses seins mous!

Ne pouvait-elle pas comprendre que ce n'était pas ainsi qu'elle devait s'y prendre?

Elle n'arrivait qu'à le désespérer. Et une fois désespéré, il devenait furieux contre elle!

— Tu détestes mes tantes, n'est-ce pas?

Elle découvrit un œil étonné.

— Pourquoi dis-tu ça?

— Parce que j'ai bien compris, tout à l'heure, quand tu parlais à Babette.

— Ce sont elles qui me détestent. Devant toi, elles font semblant de m'aimer. Tu devrais pourtant le savoir.

— Pourquoi?

— Parce que tu es l'homme! Parce qu'elles ne me pardonnent pas de venir te prendre!

Qu'était-ce encore cette notion nouvelle? Il était l'homme, pour ses tantes?

— Que racontes-tu, voyons?

— Tu ne comprends pas? Elles ont toujours été deux autour de toi et maintenant il y a une troisième qui... Tiens! A l'idée que je dors dans ta chambre, dans ton lit, je suis sûre que...

— Tu es folle, oui?

Il allait encore s'emporter, et cependant il sentait confusément que c'était lui qui avait tort.

— Mes tantes seraient jalouses parce que je dors avec ma femme? Tu as de drôles d'idées, je t'assure! Je ne sais pas si c'est ta mère qui te les a mises dans la tête ou si c'est Justin...

Sa colère était comme une rivière qui n'a pas encore trouvé son lit définitif et qui cherche de tous les côtés, se partageant en vingt bras, s'éparpillant en ruisseaux.

Il s'élançait sur une idée et presque aussitôt il s'apercevait qu'elle ne le menait nulle part, changeait de direction, avec une fureur accrue.

— Pourquoi m'as-tu épousé, si tu n'aimes pas faire l'amour avec moi?

— Tu crois qu'on ne peut pas aimer un homme pour la tête?

Quelque chose bougea, dans l'escalier, une des tantes, sans doute, qui écoutait. Tant pis!

— Et si je refusais d'aller vivre à La Rochelle? Et si j'avais une maîtresse?

— Tu es méchant, Jean!

Eh! oui! Elle avait raison! Il se conduisait comme une brute, parce qu'il ne pouvait pas faire autrement. L'attendrissement n'était pas loin. Il aurait fallu un rien, mais quoi? Il essayait. Il la regardait en se disant qu'elle était malade, que c'était sa faute, que, même dans le bois, alors qu'ils n'étaient que deux amoureux, il lui faisait mal et ne s'en inquiétait pas...

Ce qui, de tout, le faisait peut-être le plus enrager, c'était cette histoire d'appartement à La Rochelle...

Justement parce qu'il sentait que c'était une solution possible! Ici, ce qui les étouffait, ce qui les dressait sans cesse l'un contre l'autre, c'était cette maison où Marthe n'avait pas sa place, les tantes qui feignaient de l'aimer, le village, Sarlat embusqué au Café de la Poste, l'instituteur avec ses longs cheveux et son regard assuré et méprisant, jusqu'au docteur Carré, volontairement cruel...

Mais, en supposant que tout cela n'existe plus, qu'ils soient tous les deux, rien qu'eux deux, dans un décor nouveau, au milieu d'êtres neufs? Est-ce que l'émotion de son rêve ne renaîtrait pas peu à peu? Est-ce qu'ils ne finiraient pas par se blottir l'un contre l'autre en s'attendrissant?

— Qu'est-ce qui t'a fait croire que je pourrais travailler dans un bureau?

— Je ne sais pas. J'ai pensé...

Pourquoi, sacrebleu, tout le monde pensait-il des choses à son sujet, pourquoi tout le monde se permettait-il d'arranger sa vie?

Ses tantes, pour commencer! Il ne se souvenait pas qu'on lui eût demandé son avis. Même quand Marthe était enceinte! On l'avait fait venir sans rien lui dire. C'était Hortense qui lui avait parlé, lui avait affirmé que Jean ne l'épouserait pas et avait proposé cet ignoble voyage à La Rochelle, cette visite à Mme Berthollat, puis au docteur Garat...

Ensuite, quand Sarlat avait surgi, menaçant, c'étaient les tantes encore...

Maintenant, Marthe décidait à son tour!

Il ouvrit brusquement la porte, sûr qu'il y avait quelqu'un derrière. C'était tante Émilie, qui ne se donna pas la peine de paraître confuse.

— Pourquoi cries-tu si fort? demanda-t-elle avec un accent de reproche.

— Pour rien! Nous discutions.

— Marthe a besoin de calme. Tu ferais mieux de la laisser. D'ailleurs, c'est l'heure de ses soins et Hortense va monter.

Il flottait à nouveau, ne trouvait rien à quoi se raccrocher.

— Tu viens, Jean?

— Je viens.

Émilie attendait, ne voulait pas lui laisser le temps de s'emballer à nouveau sur une idée.

— Commence à préparer le nécessaire, Marthe, disait-elle.

Hortense monta dès que Jean et Émilie furent dans la cuisine. Tante Émilie, tout de suite, de sa voix toujours égale, prononça :

— Tu n'aurais pas dû crier ainsi. Qui sait si les gens n'ont rien entendu.

Elle n'avait pas peur de son regard qui devenait sournois, ni de la façon rageuse dont il arpentait la pièce. Elle savait qu'avec elle il n'oserait pas s'emballer.

— Il faut bien te dire une chose, Jean : pour le monde, c'est toujours nous qui aurons tort. Ce n'est donc pas ainsi qu'il faut t'y prendre.

T'y prendre? Il tressaillit. Il ne comprenait pas. Le mot lui faisait un drôle d'effet, un effet presque physique.

— Tu es nerveux, ces temps-ci. Cela se comprend. Nous en avons causé avec Hortense.

Et elles avaient pris une décision, sûrement! Elles aussi! Elles encore! Pour lui! A sa place!

Tante Émilie n'élevait toujours pas la voix, mettait de l'ordre dans une armoire, comme pour donner plus de légèreté à ses paroles en les entrecoupant de gestes familiers.

— Tu sais que les affaires ne s'arrangent pas très bien avec nos clients d'Alger. Montreux, d'Esnandes, nous a pris une partie des commandes. Il paraît qu'il arrive à faire moins cher que nous. Hortense est de mon avis et tu auras vite fait de rattraper cela.

— Rattraper quoi?

— L'affaire d'Alger. Tu n'en as que pour quelques jours.

Il murmura d'une voix assourdie, rêveuse :

— On veut que j'aille à Alger?

Soudain il frissonna, sans raison. Il se leva, car il s'était assis, les coudes sur la table. Il saisit sa casquette, se dirigea vers la cour.

— Où vas-tu, Jean?

— Je reviens tout de suite.

Il avait besoin de se calmer, coûte que coûte. Le soleil commençait à décliner. Sur la plage, la Parisienne, toujours assise, se livrait à une étrange gymnastique pour retirer son maillot de bain et se rhabiller sans se découvrir.

Il haussa les épaules, alla reprendre le pot de peinture qu'il avait laissé près du canot, mit le pinceau à tremper puis fit quelques pas dans le potager, ne sachant où se mettre, ni comment faire pour ne pas penser à tant de choses à la fois.

— Les deux chi...

Mais oui! Les deux chipies! C'était le mot qui lui revenait à l'esprit tandis qu'il regardait, du côté des communs, la maison rose où on entendait tante Émilie aller et venir dans la cuisine tandis qu'Hortense, là-haut, le masque rigide et blafard, donnait les *soins* à Marthe.

— Garde-la bien, Jean! C'est une pauvre petite...

Les deux chipies... Une pauvre petite... Les deux chi... Une pau...

Hébété, il fixait une poule blanche qui était venue couver dans le creux d'un poirier et qui l'épiait de son œil rond.

VII

— Quand pars-tu, Jean?
Elle disait cela avec une arrière-pensée c'était certain, puisqu'il ne lui avait jamais parlé de ce voyage et qu'elle était néanmoins au courant. La preuve, c'est qu'elle parlait d'un ton trop naturel, comme s'il n'avait été question que d'un incident quotidien. Il ne s'y méprenait pas. Il avait horreur de cette façon de questionner et se contentait de répliquer :
— Qui t'a dit ça?
— Émilie.
Elle ne prononçait jamais tante Émilie, ni tante Hortense.
— Quand?
— Hier.
Il revenait des bouchots, détrempé et boueux, car il pleuvait à torrent. A cause d'un changement sur l'horaire des trains il n'y avait pas un instant à perdre et tout le monde, dans la cour, s'était mis au triage des moules, à l'emballage. Jean avait mangé un morceau, debout dans la cuisine.

Maintenant, tandis qu'il se changeait, le moteur du camion tournait déjà sous la fenêtre.

— Tu sais que, si tu pars, je ne resterai pas ici pendant ton absence ?

Il n'avait pas le temps et il lui lança sans répondre un regard bref mais pas content.

— J'en profiterai pour entrer à la clinique et pour me faire opérer.

Il endossa sa veste de cuir fourrée de mouton, chercha ses moufles.

— Qu'est-ce que tu en dis, Jean ?
— Nous parlerons de ça à un autre moment.

Ce n'était qu'un cas. En cherchant quelque peu, on en aurait trouvé plusieurs par jour : des mots, des questions, des attitudes, des heurts rarement graves en eux-mêmes mais qui venaient implacablement s'ajouter au reste; et il ne s'agissait pas toujours de Marthe, mais encore des tantes, ou d'Adélaïde, voire de gens tout à fait étrangers à l'affaire.

Le salut provisoire, c'était l'horaire, le geste à faire, la tâche qui attendait et qui ne permettait pas d'éterniser une discussion, ou de se complaire longtemps dans tel ou tel état d'âme.

Les vents de sud-ouest avaient pris possession du ciel et de la mer, barbouillant le premier d'informes masses grises, la mer de crêtes blanches sur un fond qui, devant Marsilly, n'était pas verdâtre comme à l'horizon, mais d'un brun de vase.

On se retrouvait le matin dans les bouchots et les parcs à huîtres, avec des lanternes, et le visage bleui par le froid. On rentrait le dos courbé sous un morceau de bâche, car les cirés ne suffisaient pas.

Hortense marchait à côté de Jean, bottée comme lui de caoutchouc, gonflée de vêtements, sa respiration formant un petit nuage devant elle.

— Je me suis renseignée sur les bateaux de passagers. La traversée est moins longue par Port-Vendres.

Il ne disait rien. Presque toujours c'était le moment où la charrette risquait de s'embourber; ou bien un panier de moules menaçait de perdre l'équilibre.

Jamais, pour sa part, il ne prononça le mot Alger qui, pour lui, n'était plus un simple nom de ville, mais qui prenait un sens presque mystique.

— *Quand tu seras à Alger...*
— *Quand tu reviendras d'Alger...*

Il se figeait à chaque fois. Sous ce voyage à Alger, il devinait des tas de choses rampantes qu'il ne voulait pas voir, auxquelles il ne voulait pas penser.

La vie l'y aidait, qui coulait heure par heure, minute par minute, dans une maison où l'emploi du temps était aussi minutieux que dans un couvent.

Une fois, il avait pensé que le Coup de Vague, avec les deux tantes et lui-même, ressemblait assez à une maison de curé dont il eût été le curé, les tantes, les servantes — ou plutôt une, Hortense, par exemple, la servante, et Émilie la mère du curé!

C'était l'été qu'il y avait pensé, un jour que l'air était particulièrement calme et sonore. Il avait remarqué que, de toute la matinée, c'est à peine si on avait senti un mouvement dans la maison.

Et pourtant le travail se faisait. Chacun était à sa place au moment précis où il devait y être. Les gestes s'enchaînaient aux gestes avec une si miraculeuse harmonie qu'on ne devinait ni l'effort, ni même l'organisation.

Il n'avait vu cela nulle part ailleurs. Ni cette régularité en tout, cet ordre — si méticuleux qu'il procédait de l'ordre éternel — fût-ce pour la place d'un buvard ou d'un pot à lait. Jusqu'aux odeurs qui étaient à leur place, le bureau de tante Hortense qui sentait l'encre violette — et pourtant il lui semblait que, dans d'autres maisons, l'encre violette n'avait pas d'odeur! — l'arrière-cuisine, où se trouvait l'écrémeuse, qui sentait l'aigre, mais pas trop fort, les chambres où, à cause de la proximité du fruitier, il traînait des relents de pommes et les senteurs du foin qui leur servait de litière...

— Jean! disait tante Émilie, au moment où il s'y attendait le moins. Tu devrais passer chez le tailleur. Ton costume bleu n'est plus très bon.

— Je ne le mets jamais.

Cependant il ne discutait pas, car Émilie ne faisait que passer, un seau de lait à la main.

Ainsi les événements ne se déroulaient que par petits bouts qui, pris séparément, auraient pu paraître anodins. Seulement Jean n'en laissait pas passer un! Il les enregistrait, amer et méfiant surtout, d'une méfiance qui commençait à se teinter de méchanceté.

— Où vas-tu? avait-il demandé durement à tante Hortense, ce jour-là, en la trouvant installée sur le siège du camion qu'une bâche protégeait mal de la bourrasque.

— J'ai à faire à La Rochelle.

La bâche qui battait empêchait de parler. En pénétrant dans la ville, il questionna :

— Où veux-tu que je te dépose?

— Nulle part. J'irai d'abord avec toi jusqu'à la gare.

Puis, les moules expédiées :

— Si nous en profitions pour passer chez le tailleur?

Il y faisait sinistre, parmi les gravures horribles, les laines sombres, les épingles et les craies plates

— Tant que vous y êtes, monsieur Godet, vous pourriez lui faire un costume gris à martingale.

Et, dix bonnes minutes après :

— Si on te commandait un pardessus de voyage?

Croyait-elle qu'il ne comprenait pas? S'il ne disait rien, c'est qu'il n'avait pas encore pris de décision, mais il n'était pas sûr du tout qu'il allait se laisser faire.

Dans ces occasions-là, il avait presque envie de dire comme les autres :

— Chipies!

Il n'avait jamais pensé, jusqu'alors, à observer ses tantes. Pour lui, qui les avait toujours vues, elles étaient comme des statues. Il commençait seulement à comprendre. Cet ordre de la maison, par exemple..
Un propriétaire voisin, qui avait à peu près les mêmes terres et les mêmes bouchots, employait trois hommes à quatre cents francs par mois et s'en tirait à peine!

Or, les tantes, qui n'employaient que Pellerin seul, n'étaient jamais sales, ni en nage, ni essoufflées et Émilie trouvait encore le temps, au moins une fois par semaine, de faire de la pâtisserie!

Elles ne brusquaient rien. Elles ne le brusquaient pas davantage. Un jour qu'il entrait dans le bureau pour prendre un timbre, Hortense poussa doucement une lettre vers lui. Il reconnut la signature de M. Misraki, leur principal acheteur d'Alger.

« *... et j'attends donc votre neveu qui sera le bienvenu chez nous, persuadé que son séjour à Alger sera des plus profitables pour vos affaires et pour les miennes...* »

Il regarda Hortense, constata :

— Tu lui avais écrit!

Peut-être parce qu'elle était plongée dans une liasse

de factures, il n'entama pas une longue discussion à ce sujet.

Quelque chose se préparait, c'était certain, et c'étaient ses tantes qui le préparaient, lentement, minutieusement, avec d'infinies précautions pour ne pas l'effrayer ou le hérisser.

Marthe n'était pas dupe et, quand il rentrait, elle lui lançait un regard toujours semblable, inquiet, interrogateur, comme si elle eût attendu la nouvelle d'une minute à l'autre.

Mais quelle nouvelle? Et pourquoi ce voyage à Alger prenait-il de si effrayantes proportions?

Il pleuvait du matin au soir, chaque jour, c'était la saison, avec du vent qui rendait la pluie oblique et le ciel en perpétuel mouvement. On avait allumé les feux, rentré les bêtes et tante Émilie allait traire, le matin, avec un fanal qui jaunissait les vitres de l'étable.

Ce n'était plus qu'après le déjeuner que Jean partait pour La Rochelle avec le camion. Comme tante Hortense allait en ville deux ou trois fois par semaine, il la regardait toujours, au moment de s'en aller, et elle lui faisait signe que non ou bien montait chercher son manteau noir et son chapeau.

Alors, pourquoi, ce jour-là?...

A La Rochelle, les gens de la campagne arrivés par le car fréquentaient presque tous un café tranquille et pas très gai, près de la station des autobus.

Il y a d'autres cafés, chacun pour une catégorie de clients. Par exemple, le café de la Place d'Armes, où Sarlat fréquentait, était à La Rochelle ce que le Café de la Poste était à Marsilly.

Les tantes, elles, ne mettaient jamais les pieds dans un café et, si elles étaient pressées par un besoin, elles préféraient faire un petit achat dans le premier magasin venu.

Alors, pourquoi?

Jean avait vraiment reçu un choc en apercevant soudain, à travers les vitres sombres de ce café pour petites gens qui « apportent leur manger », près du marché couvert, sa tante Hortense attablée avec Justin Sarlat.

Elle n'avait pas profité du camion et elle avait pris l'autobus. C'était un rendez-vous de toute évidence.

Était-ce elle qui avait alerté Justin? Était-ce lui qui lui avait transmis un message? Et par qui?

Il n'en parla pas ce soir-là. L'occasion ne s'en présenta pas. Au surplus ce n'était pas dans les habitudes de la maison de précipiter les choses.

Il rongea son frein, se coucha à huit heures et demie, à cause du travail du bouchot. C'est seulement en revenant de la mer, avec tante Hortense, qu'il questionna tout à coup :

— Qu'est-ce qu'il voulait, Justin?

— Pourquoi?

— Qu'est-ce qu'il t'a demandé, hier?

— Tu nous as vus?

Et ils eurent presque le temps de gagner la maison.

— Encore de l'argent?

— Mais non! Ne t'occupe pas.

Il n'insista pas, mais là-haut, en se changeant, il lança à Marthe :

— Ton père a encore réclamé de l'argent à mes tantes.

— Tu en es sûr?

Toujours le même rythme, les mêmes vides, les mêmes gestes familiers pendant lesquels on pouvait penser sans en avoir l'air.

— Elles lui en ont donné?

Il haussa les épaules et alla chercher ses souliers ferrés sous l'armoire.

Enfin, au moment où il allait sortir, Marthe soupira :

— Il doit y avoir des histoires entre eux. Il faudra que j'en parle à ma mère.

Les jours passaient. Jean était sûr que cela ne pouvait plus durer ainsi, que la maison ne pouvait rester en équilibre instable. Chacun devait le sentir comme lui et pourtant rien ne se produisait, que des événements insignifiants, toujours désagréables, qui ne faisaient qu'accroître le sentiment de gêne et d'incertitude.

Par exemple, comme il rentrait, tante Hortense était dans la cuisine, à une heure où elle n'aurait pas dû s'y trouver, et par contre il ne voyait pas Émilie.

— Où est-elle? s'étonnait-il.

Elle désignait le plafond.

— Près de Marthe?

— Ta femme ne veut plus que ce soit moi qui lui donne ses soins. Il paraît que je suis trop brutale.

— Vous vous êtes disputées?

— Même pas! Tout à l'heure, Adélaïde est venue. C'est peut-être elle...

— Quoi, elle?

— Adélaïde ne m'aime pas beaucoup. Elle se méfie de tout le monde. Elle a été tellement battue qu'elle regarde les gens en dessous.

Elle ne lui demanda pas :

— Quand pars-tu?

Mais la question était là, entre eux, dans l'air, dans toute la maison. Les deux costumes et le pardessus de voyage avaient été livrés et Jean, accompagné d'Hortense, avait acheté une paire de chaussures.

On ne voyait plus, en passant, Justin et ses

camarades du Café de la Poste, parce qu'ils étaient à l'intérieur, mais on devinait parfois un visage ironique derrière la porte vitrée.

— Il paraît qu'il a pris Kraut à son service...

Jean ne saisissait pas l'intérêt de ce détail mais, du moment que ses tantes en parlaient, c'est que le fait n'était pas sans portée.

— Comment va-t-elle, Émilie?

— Ni mieux ni plus mal. Je crois que, si elle voulait réagir, elle pourrait marcher comme n'importe qui.

La maison était surchauffée. De la cuisine mijotait, et des vies.

Et d'heure en heure, de jour en jour, des mots s'enchaînaient, des yeux se cherchaient.

— Tu as parlé à ta mère?

— A propos de quoi? Ah! oui. Pour l'argent, elle n'est pas au courant. Elle sait seulement qu'il lui a encore demandé une signature sur papier timbré, mais il ne lui dit jamais pour quoi c'est faire. Je lui ai parlé d'autre chose...

Il la regarda, le front plissé.

— Tu te souviens de ce que nous avions dit au sujet de Léon Laclau? Cela t'ennuie que je t'en parle?

— Pourquoi?

— Si cela t'ennuie le moins du monde, tu n'as qu'à le dire. Je ne veux surtout pas que tu m'accuses après de me mêler de ce qui ne me regarde pas.

Leurs rapports n'avaient pas beaucoup changé. Ils se parlaient sans aigreur, mais sans tendresse, comme des êtres qui sont destinés à vivre ensemble.

Parfois cependant, tantôt d'un côté, tantôt de l'autre, il y avait une hésitation, un regard qui constituait peut-être un appel et semblait dire :

— Si pourtant nous essayions?

Pour Jean, cela signifiait :

« Si nous essayions comme dans le rêve? »

Mais il avait l'impression, dans ces cas-là, que Marthe comprenait :

« Nous partons tous les deux? Nous nous affranchissons des deux chipies? »

Et il ne s'en montrait que plus froid.

— Il n'y a pas de déshonneur, n'est-ce pas? Je me demandais pourquoi elles t'avaient élevé, du moment que tu n'étais pas le fils de leur frère. Je sais qu'il y en a qui adoptent des enfants, fût-ce des enfants de l'Assistance publique, mais on ne le fait généralement qu'à un certain âge, quand on est sûr de ne pas avoir soi-même de famille...

Il était sombre. Les mots faisaient un bruit déplaisant, faisaient lever en lui comme un brouillard.

— Tu veux que je me taise?

— Continue, puisque tu as commencé.

— Tu es fâché?

— Parle! Tu entends? Parle! Dis ce que tu sais!

Elle le regrettait, mais il était déjà trop tard.

— C'est que je ne sais rien de précis. Je pensais que ma mère devait être au courant, étant donné qu'elle a à peu près l'âge de tes tantes et qu'elles ont été amies. Tu m'écoutes, Jean?

Il avait collé son front à la vitre et regardait pleuvoir. Il se contenta de faire signe qu'il écoutait.

— C'est beaucoup plus mystérieux que tu crois. Au point que je me demande si ma mère n'a pas exagéré, ce qui n'est pas dans ses habitudes. Il paraît que la mère de tes tantes était plus forte et plus dure qu'un homme. Quand elle est morte, d'une rupture d'anévrisme, alors qu'elle travaillait au bouchot, ce sont tes tantes qui ont dirigé la maison et non leur père...

Cela l'intéressait mais en même temps il en voulait à Marthe. Il l'évoquait, avec Adélaïde, dans cette chambre, près de la cheminée, bavardant sans fin sur le compte des Laclau, avec des soupirs comme Adélaïde savait en pousser.

— Il paraît que, dans cette maison, ce sont toujours les femmes qui ont commandé. Cela remonte à très loin.

— Continue, je t'en prie.

— C'est presque tout. Il y avait tes tantes et leur père. On prétend que le père était un ancien valet qui avait épousé la patronne...

Il se retourna et fixa durement sa femme.

— Je te demande pardon, balbutia-t-elle. J'avais cru comprendre que ces questions te tracassaient. Moi, si tu savais ce que cela m'est indifférent!

— Tu en étais à mes deux tantes et à leur père...

— Oui. On ne leur a jamais connu d'amoureux. Elles travaillaient autant que maintenant, comme des hommes. Ce sont elles qui ont racheté le champ des pommiers et la terre qui est au nord de la route. Un beau jour, elles sont parties en voyage, laissant le père seul. Elles n'ont dit à personne où elles allaient. Le vieux jurait qu'il l'ignorait et c'est bien possible, étant donné le peu de place qu'il tenait dans la maison...

Jean avait presque pitié d'elle! Elle récitait son histoire du bout des lèvres, pressée d'en avoir fini; et elle s'imaginait qu'il lui en voulait alors qu'il était à cent lieues de sa petite personne.

— C'est mon père, un jour, qui a rencontré

Hortense à Saintes, où il était allé traiter une affaire. Il n'en a pas parlé. Quand elles sont revenues, il les a taquinées à ce sujet, mais il ne savait pas encore tout. Ce n'est que deux ans plus tard qu'elles ont fait venir auprès d'elles un garçonnet en prétendant que c'était l'enfant de leur frère Léon. Cela te chagrine, Jean?

— Non!

Et, avec un mauvais rire:

— Pourquoi voudrais-tu que cela me chagrine? C'est tout, oui? Ils sont nombreux, dans le pays, à connaître cette jolie histoire? Je suppose que ton père a eu du plaisir à la raconter à ses camarades du Café de la Poste...

— Jean! Je te jure...

— Tu as peut-être raison! En gardant son secret pour lui seul, il en garde les profits.

— Jean! Je t'en supplie...

Il était calme. Mais il en avait plein la tête, plein le cœur. Il était déjà presque à la porte quand il se retourna, questionna à regret:

— Laquelle est-ce?

Et il était tellement méprisant à l'égard de Marthe que celle-ci fondit en larmes.

— Ne t'en va pas! Jean! Je n'ai pas voulu te faire de la peine! Je ne sais rien de plus. Personne n'en sait davantage. Ma mère, elle, croit que c'est Émilie. Moi aussi. Ne me regarde pas comme ça. Si tu savais combien je deviens nerveuse, dans cette maison! Je vais t'avouer quelque chose. Ne te fâche pas. Jure-moi de ne pas te fâcher! Quand tu es parti, eh bien! j'ai peur... Tu ne comprends pas?...

Il vint lui toucher la tête, d'un geste protecteur, en signe d'apaisement.

— Calme-toi.
— Et toi?

— Quoi, moi?
— Qu'est-ce que tu vas faire?
— Qu'est-ce que je ferai?
— Tu iras à Alger?
— Je ne sais pas encore.

Il le savait moins que jamais. Ou plutôt...

Il descendit lourdement l'escalier ciré qui formait un coude et qu'une porte faisait communiquer avec la cuisine. Cette fois, Émilie était à sa place et il s'assit dans un coin, sur une chaise de paille.

Ce n'était pas sa place à lui. Ce n'était pas son heure. Elle s'étonna :

— Qu'est-ce que tu fais?
— Rien.

Il la regardait, voilà tout!

— Comment va Marthe?
— Toujours pareil.

Émilie était certainement la plus femme des deux, la plus mince, la plus fine, celle qui avait le plus de souplesse dans les mouvements.

— Tante Émilie...
— Que veux-tu?
— Rien.
— Où vas-tu?

Il n'allait nulle part. Il errait. Il ne pensait pas et il regardait fixement les objets sans les voir.

— Allô! monsieur Marchandeau? Ici, mademoiselle Hortense... Au Coup de Vague, oui... Vous serez gentil de m'envoyer deux fers à T de douze, en trois mètres cinquante de long... Oui...

Elle était au bureau, comme tous les jours à pareille heure. Quant à lui, pour suivre l'horaire, il aurait dû aller quelque part faire sa partie de billard.

— Émilie! appela la voix d'Hortense, à travers les cloisons. Est-ce que Jean est encore ici?

— Oui.

— Tu ne veux pas me l'envoyer?

Et l'autre tante de crier :

— Jean!... Jean!...

... Sans savoir qu'il n'était qu'à deux mètres de la porte de la cuisine.

Hortense s'étonna.

— Qu'est-ce que tu as?

— Moi? Rien!

— On dirait que tu es malade.

— Je n'ai peut-être pas digéré le canard de midi. Tu m'as appelé?

— C'est pour le cas où tu irais à La Rochelle en moto. Je voudrais que tu dises au marchand de grains...

Des commissions! Comme le père des deux tantes devait en faire au temps où...

Jean regardait son portrait, justement, son front étroit, ses moustaches tombantes.

Il aimait mieux ne pas contempler l'autre portrait, celui de sa grand-mère, qui ressemblait trop à Hortense.

— Écoute, tante...

— Je t'écoute... Un instant... Allô!... Oui... Supprimez l'appel avec Luçon... Je n'en ai plus besoin... Merci, Mademoiselle...

Et, d'une autre voix :

— Je t'écoute, Jean.

Ce qui ne l'empêchait pas de remuer des papiers.

— Eh bien?

A cet instant précis, il eut la sensation nette qu'il allait faire ce qu'il ne devait pas faire. Mais tant pis! L'élan était pris.

— Quand vous étiez à Saintes, tante Émilie et toi...

Il vit devant lui un visage de craie, à croire que c'était la photographie de la grand'mère qui était descendue de son cadre. Il ne pouvait pas continuer, ne trouvait plus rien à dire. Et Hortense, qui n'ouvrait pas la bouche, le fixait de ses yeux gris.

Il sortit, prit sa moto, traversa des flaques d'eau, parla tout seul, à plusieurs reprises, dans le vacarme du moteur.

Quand il rentra, plus tard que d'habitude, exprès, il trouva la table dressée, Émilie qui, dès son entrée, posait la soupière au milieu, Hortense qui s'asseyait à sa place.

— Tu es allé à La Rochelle?
— Oui.
— Tu as fait ma commission au marchand de grains?
— Oui.

Ce n'était pas vrai. Il n'était allé ni à La Rochelle, ni chez le marchand de grains; il avait roulé et ne s'était arrêté que très loin, dans un village qu'il ne connaissait pas, pour s'asseoir près du poêle d'une auberge et boire une pleine bouteille de vin blanc.

Il en avait les yeux luisants. Ceux de tante Émilie étaient rouges, comme si elle avait pleuré. Quant à tante Hortense, il aurait juré qu'elle s'était mis de la poudre.

— Et Marthe?
— Je lui ai donné ses soins, dit tante Émilie. Comme elle avait une crise, elle a pris son somnifère. Elle doit dormir.

Il frissonna. C'était involontaire. Il imaginait soudain Marthe, qui n'avait pas deux sous de santé, qui ne pouvait pas seulement descendre l'escalier sans l'aide de quelqu'un, il l'imaginait, toute seule, toute maigre, toute molle, dans son lit, abrutie par une drogue, tandis que tante Émilie et tante Hortense...

— Tu ne manges pas?
— Je n'ai pas faim.
— Il faut manger quand même.

C'était un vieux mot de la maison, qu'on lui répétait depuis le temps où il était tout petit.

— Où vas-tu?
— Je monte.

La lampe était allumée, en bas. Dans la chambre, il n'y avait qu'une veilleuse car, quand Marthe se réveillait en sursaut, surtout au milieu d'un cauchemar, elle avait des terreurs maladives.

Il n'avait pas sommeil : rien que mal à la tête. Sa femme dormait, la bouche entrouverte, le front luisant.

Il prit une chaise et s'assit à la tête du lit, retira ses souliers détrempés et resta ainsi, en chaussettes, à regarder devant lui.

Il aurait bien voulu, mais ce n'était pas possible! Il ne la connaissait pas! Il avait beau se rappeler le bois de la Richardière, cela ne lui faisait qu'une impression plutôt désagréable.

Elle respirait comme les enfants. Le bourrelet de sa lèvre supérieure semblait se gonfler à chaque expiration et entre les cheveux rares des tempes on voyait de la peau blême.

On n'entendait aucun bruit monter d'en bas, de la cuisine qui était la même depuis quarante ans et plus, depuis bien avant lui, peut-être avant ses tantes...

Il croyait revoir Babette avec son bec-de-lièvre, ses dessous et sa chair de vieille fille, des bouts de fil ou de laine, réentendre des voix paresseuses :

— ... un appartement à La Rochelle... une place dans un bureau... héritage un jour ou l'autre...

Et voilà que les yeux, devant lui, étaient ouverts, deux yeux encore plus étrangers que tout le reste, qui le regardaient fixement, qui le regardaient, lui aussi, comme un étranger, et la preuve c'est qu'ils commençaient par avoir peur.

— Qu'est-ce que tu fais là?
— Rien.
— Pourquoi ne te couches-tu pas?
— Je vais venir, oui.
— Il y a longtemps que tu es rentré?

Encore abrutie par la drogue, elle articulait avec peine. Sa bouche avait marqué l'oreiller d'une tache humide.

— Tu ne viens pas?
— Mais si, je viens!

Peut-être n'était-elle pas bien réveillée? En se retournant, si mal qu'elle entraînait les couvertures avec elle, elle soupira.

— Tu es méchant...

Pour mettre vraiment ses pensées en ordre, Jean aurait eu besoin d'un papier, d'un crayon, comme pour un calcul. Mais cela n'avait pas d'importance. Peu importait le chemin tortueux par lequel il y arrivait : ce qui comptait, c'est qu'il arrivait quelque part!

Il arrivait, debout dans sa chambre, en chemise et pantalon, les mains sur la boucle de la ceinture qu'il allait dénouer, à se promettre ·

— ... *la dernière fois!*

Car il avait besoin de se dire que c'était la dernière fois pour avoir le courage d'entrer dans ce lit, près d'un corps étranger, déjà chaud, déjà moite, près d'un être qui n'avait rien de commun avec lui, qui en était aussi loin qu'Adélaïde, par exemple, ou que Justin et sa clique.

— ... tes pieds...

Elle protestait, parce qu'il avait les pieds glacés. Il n'osait pas tirer la couverture à lui. Il pensait :

— Alger...

Que pouvaient-elles se dire, en bas? Elles ne se décidaient pas à monter et elles parlaient si bas — si elles parlaient! — que cela ne donnait pas l'habituel bourdonnement de mouche.

Et Marthe, à quoi pensait-elle, dans son sommeil, pour murmurer :

— Tu es toujours fâché?

Pourquoi *toujours?* Pourquoi *fâché?*

— ... une pauvre petite...

Non! Ce n'était pas possible d'attendre! Il se leva.

— Où vas-tu?

— Dors.

— Tu ne digères pas?

Il passait son pantalon, son veston, ouvrait la porte, découvrait de la lumière sous l'huis d'en bas.

Les deux femmes étaient assises, chacune à un bout de la table, et lui entrait, prononçait, manquant de salive :

— Il vaudrait mieux que j'aille en moto à Bordeaux, pour prendre le rapide...

Les deux chi...

Il fallait faire vite, tant qu'il avait encore un peu d'élan.

— A quelle heure est-ce, le bateau?

Et tante Hortense se leva, sans hâte, sans joie apparente.

— J'ai les horaires au bureau.

Tante Émilie se leva aussi, fit deux pas vers le poêle où il restait un peu de feu.

— Tu devrais boire une tasse de vin bien chaud. Tu es tout pâle.

Les bruits familiers des portes s'ouvrant et se fermant, des pantoufles sur le plancher ciré, du bureau à cylindre.

Enfin, avec les pas, le froissement d'un papier.

— Le *Djebella* part demain à cinq heures de l'après-midi. Si tu attrapes à Bordeaux le rapide de sept heures du matin...

Elle n'y mettait aucune fièvre. Émilie non plus.

— Tu pourras rouler. Il y a de la lune.

— Ne va quand même pas trop vite.

Marthe, cette nuit-là, ne se réveilla pas, même quand Jean, les yeux fermés, les narines pincées, lui effleura le front de ses lèvres.

VIII

Il y avait un flux et un reflux au gré desquels Marsilly se rapprochait ou s'éloignait. C'est quand il était loin, minuscule comme une maquette, avec ses maisons blanches suspendues dans l'espace, qu'il était le plus net, fouillé dans ses détails, des détails que Jean ne se souvenait pas toujours d'avoir observés sur place ou dont il n'avait jamais pénétré le sens auparavant.

A ces moments-là — c'était généralement quand il avait bu quelques apéritifs et qu'il errait, le soir, en attendant de rentrer dans sa chambre d'hôtel — il avait l'impression de tout comprendre, d'être capable de démonter et de remonter le mécanisme de ce village-jouet dont il s'était fait naguère un épouvantail.

Il aurait pu, du bout de son crayon, montrer telle maison dont les volets ne s'ouvraient jamais, une maison triste, au bout d'une rue qui ne menait nulle part, et expliquer, comme un professeur :

— Voici pourquoi cette maison est triste, voici pourquoi, quand j'étais petit elle me faisait peur. Je n'y avais pas pensé, mais j'ai compris. L'homme qui l'habite...

Et l'instant d'après il n'était plus apte à expliquer quoi que ce fût parce qu'au lieu de voir au loin le village-maquette, un souvenir, une image se collait à lui, grandeur nature, floue mais lancinante.

M. Misraki, l'acheteur d'Alger, s'était présenté en trombe, dès l'arrivée du bateau, et d'un seul coup avait imposé à Jean son rythme de vie, qui était affolant de précipitation.

— Ne vous occupez pas de vos bagages. Je les enverrai prendre. Vous n'êtes pas trop fatigué? Nous allons d'abord à la maison. Ensuite, je vous montrerai votre hôtel. J'aurais pu vous loger chez moi, mais j'ai pensé que vous préféreriez avoir plus de liberté...

Déjà un sourire complice! Un bon sourire. Pas du tout égrillard.

M. Misraki était gras, dodu, bien rasé, avec de petites moustaches brunes et luisantes, des cheveux qui sentaient bon, des mains potelées, des pieds menus chaussés de souliers très fins qui miroitaient au soleil.

Il se renversait avec complaisance dans sa belle auto que conduisait un chauffeur indigène. On quittait la ville. On suivait des avenues neuves, dans des quartiers neufs et c'était un autre monde qui commençait, une vaste villa moderne, des meubles modernes, des murs clairs, des glaces et du métal, des serviteurs en blanc éclatant et une nurse qui amenait au salon cinq enfants, tous gras, tous noirs de poils, tous avec d'immenses yeux couleur de noisette.

Puis une Mme Misraki aussi grosse à elle seule que la famille réunie, molle, lente à se mouvoir, les chairs entourées d'un châle espagnol.

— Je vais vous conduire à votre hôtel. Bien entendu, je suis à votre entière disposition. Quand vous aurez besoin de ma voiture, vous n'aurez qu'à téléphoner. Voici mon numéro et le numéro de mon bureau...

Ce n'était ni le genre Sarlat, ni le genre Jourin; cela ne rappelait rien que Jean connût déjà.

— Pour les femmes, je vous conseille de vous méfier. Ce soir, je vous présenterai quelques belles filles avec qui il n'y a pas de danger. Ne vous laissez pas refaire. Ne donnez jamais plus de...

Il citait un chiffre, un chiffre que Jean n'aurait jamais osé offrir à des femmes en bas de soie qui fréquentaient les bars américains.

Le flux... Le reflux... Misraki lui donnait rendez-vous, l'emmenait avec lui, s'excusait de le laisser dans la voiture pendant qu'il allait voir quelque haut personnage, lui présentait des gens à son cercle...

Des heures durant, on pouvait ne penser à rien, vivre dans les rues larges, ensoleillées, boire des apéritifs, visiter les quartiers indigènes ou se promener dans le port.

A ces moments-là, Jean était lucide. Il savait parfaitement que ses tantes l'avaient fait exprès, avec une patience étonnante, en ne négligeant aucun détail, comme les deux complets neufs, le pardessus de voyage et les souliers. Au moment de partir, il avait même trouvé dans la maison des valises qu'elles avaient achetées sans le lui dire!

C'étaient des chipies! Coûte que coûte, elles en arrivaient où elles voulaient en venir et des gens comme Sarlat étaient de petits garçons à côté d'elles.

Jean comprenait tout! Il comprenait trop! Mais c'était au moment du flux et c'était si loin, si petit que cela n'avait pas d'importance, qu'il pouvait penser à ces choses sans émotion.

Était-ce vraiment Émilie, comme Marthe et Adélaïde le supposaient?

Il savait à quoi il faisait allusion mais fût-ce en esprit, il ne précisait jamais. Émilie ou Hortense?

Eh! bien, non! A son avis, c'était plutôt Hortense! Et s'il penchait pour elle, ce n'était pas seulement parce qu'elle avait de la poitrine, ce qui, pour lui, était inséparable de la notion de la maternité.

Hortense, oui...

Et elles l'avaient bien gardé, à elles deux! Ce n'était pas une maison comme les autres. Il l'avait déjà remarqué; il avait fait la comparaison avec une maison de curé. Maintenant, il évoquait plutôt un couvent de femmes.

Est-ce que dans les couvents il n'y a pas aussi un homme, un seul, aumônier ou chapelain, que toutes surveillent jalousement et entourent de petits soins?

Deux chipies! Adroites! Malignes! Capables de...

Lui avaient-elles jamais demandé son avis sur un sujet ou sur un autre, même quand il ne s'agissait que de lui? Rien du tout! Elles ne discutaient pas! Elles ne disaient pas :

— On va faire ceci...

Non! Elles le mettaient, sans en avoir l'air, devant le fait accompli, comme pour les valises!

Le reflux...

Il ne fallait pas qu'il reste trop longtemps seul, ni qu'il boive. Or, comme il devait s'arrêter sans cesse dans des cafés, puisqu'il n'avait rien d'autre à faire, il buvait. Quand il avait bu, il devenait triste et regardait les femmes.

Maintenant, par exemple, il en avait une dans sa chambre, une fille belle et soignée comme il n'en avait jamais eu, qui se déshabillait en fumant une cigarette.

— Tu ne te déshabilles pas?

Il ne s'agissait plus d'un Marsilly lointain, d'un

Marsilly en maquette, mais d'une image toute proche, de Marthe qui était là, se dévêtant aussi, maladroite, avec des gestes qui lui enlevaient son peu de poésie.

Et il disait, pour lui bien plus que pour la femme anonyme :

— Si tu savais ce qui se passe peut-être en ce moment !

— Qu'est-ce qui se passe ?

Il était saoul. Sinon, il n'aurait pas ajouté en regardant fixement le corps clair de la fille :

— Je dois être en train de devenir veuf !

C'est le lendemain qu'il s'en souvint, à jeun, quand il s'éveilla avec un fort mal de tête. Il fut épouvanté. Il osa à peine se regarder dans la glace.

Et dès lors il fut incapable de ne pas y penser. D'ailleurs, il le savait ! Il l'avait toujours su ! Sans cela, on n'aurait pas attaché autant d'importance à ce voyage d'Alger !

D'un côté Marthe qui avait peur et Adélaïde qui disait à Jean :

— Garde-la bien ! C'est une pauvre petite...

De l'autre les tantes qui arrangeaient silencieusement ce petit voyage, sans se rebuter.

Maintenant, Marthe était seule avec elles dans la maison.

C'était fatal ! Émilie et Hortense ne pouvaient pas accepter cette intruse, même pour Jean, puisque Marthe était incapable de le rendre heureux, puisque sa seule présence réduisait à néant un ordre établi avec patience pendant des années et des années !

Il fallait se faire cirer les souliers au coin de la rue, par le gamin qui était si drôle, acheter des journaux, des cigarettes, trouver quelque chose d'intéressant à faire, peut-être téléphoner à Misraki pour lui demander la voiture?

Il fallait aussi passer à la poste restante. Il y avait une lettre, de l'écriture posée d'Hortense.

« ... *tempête qui a duré trois jours a arraché une cinquantaine de pieux. Mais les Douchin en ont perdu plus que nous. A part cela, il n'y a pas grand-chose de nouveau, sinon que cette pauvre Marthe est entrée enfin à la clinique du docteur Verdinet. Je ne crois pas que celui-ci accepte de l'opérer dans l'état où elle est.*

« *Quant à toi, il vaut mieux que tu profites le plus longtemps possible du beau temps qu'il fait là-bas. J'ai écrit à M. Misraki pour lui dire de mettre de l'argent à ta disposition si tu en as besoin, étant donné que nous sommes en compte. Tu pourrais peut-être faire un tour jusqu'à Tunis.*

« *Émilie et moi nous t'embrassons et...* »

Il lui fallait parfois courir littéralement à la poursuite de son émotion qui se dissipait dans les rues aux tramways bruyants.

N'était-ce pas curieux que Marthe fût parvenue à entrer enfin à la clinique, comme elle le désirait depuis si longtemps? Peut-être était-ce plutôt effrayant, car si les deux chipies s'y étaient décidées...

Par instant, ces deux chipies le faisaient sourire. Il jouait avec ce mot, lui donnait des sens nuancés qui allaient jusqu'à l'attendrissement.

Il croyait les voir, dans leur maison, nettoyant jusqu'aux dernières traces de l'autre, recollant l'atmosphère, l'épaississant consciencieusement et répétant dix fois par jour :

— Quand Jean reviendra...

Il s'arrêtait soudain sur le trottoir en pensant :

— Et si c'était Émilie?

Puis, sans le vouloir, il restait des heures loin de Marsilly, aspirant une vie nouvelle, regardant tout sans rien regarder en particulier, saoul d'impressions et de pittoresque.

Jamais il n'avait imaginé un tel vacarme, une telle orgie de mouvements et de couleurs, de vies emmêlées ou entrechoquées. Il admirait Misraki souriant, une cigarette à bout doré aux lèvres, jonglant avec tout cela, se renversant sur les coussins de sa voiture, entrant dans sa jolie villa, dans ses bureaux, à son cercle.

— Qu'est-ce que vous faites, après midi? Voulez-vous que je vous conduise au Lido?

Jean, ce jour-là, déjeunait chez Misraki. Il ne pensait à rien de précis. Il acceptait d'aller au Lido avec son hôte. Les plats se succédaient. Rien ne laissait prévoir un événement quelconque.

Et pourtant, soudain, alors qu'on servait les desserts, il se mit à tortiller sa serviette en fixant la nappe avec émoi. Puis il leva les yeux sur Misraki et celui-ci fut étonné du visage bouleversé qu'il découvrit.

— Cela ne va pas?
— Il faut que je rentre! dit-il.
— A l'hôtel?
— Chez moi! A Marsilly!

Il se passait la main dans les cheveux, regarda autour de lui avec une sorte d'épouvante, essaya de sourire pour s'excuser.

— Il y a bien un bateau, n'est-ce pas? Je vous assure qu'il faut que je rentre.

— Il y a un bateau ce soir, mais ce n'est pas un bon.

— C'est égal.

— Vous êtes sûr que votre départ est nécessaire?

Ce n'était pas un départ! C'était une fuite, c'était...

Il ne reprit pour ainsi dire pas haleine. Il trépidait. A peine débarqué à Marseille, il se précipita vers la gare. Un instant, il avait eu envie de téléphoner, mais il n'avait pas osé.

Ses compagnons, dans le train, évitèrent de lui parler tant il avait un visage de catastrophe et une femme changea de compartiment en constatant qu'il faisait sans cesse des grimaces.

Il avait sa moto à Bordeaux. Il la prit, roula aussi vite qu'il put, traversa La Rochelle vers cinq heures du soir et prit automatiquement la route de Marsilly.

Il ne vit rien, ni les tournants, ni le village. Il fonçait, atteignait le Coup de Vague, laissait sa machine dehors et poussait la porte de la cuisine, les prunelles agrandies comme celles des somnambules.

Tante Émilie se leva en poussant un cri, ne prononça pas son nom, mais appela :

— Hortense!

Jean regardait autour de lui, cherchait quelque chose, quelqu'un, ouvrait la porte de l'escalier, s'élançait soudain, montait les marches quatre à quatre et fixait un bon moment sa chambre vide.

Il redescendit plus lentement, toujours roide, trouva les deux femmes dans la pièce, regarda Hortense qui détourna la tête, questionna :

— Où est-elle?

Et Hortense fit oui de la tête en commençant à pleurer.

— Quand?

— Calme-toi, Jean. Cela ne sert à rien de te mettre dans tous tes états. On l'a enterrée avant-hier...

Il le savait! Il en était sûr! Il jouait la comédie et pourtant il était sincère, serrant les poings, serrant les dents, regardant toutes choses autour de lui d'un œil féroce.

Il fallait faire quelque chose. Il cherchait. Il saisissait sur le feu la bouilloire, la lançait de toutes ses forces dans la fenêtre, se retournait, cherchait encore, brisait une chaise d'un grand coup contre le mur.

Alors, il se jetait par terre, écumant, râlant, criant :
— Nous l'avons tuée!... Tuée!... Une pauvre petite qui...

Son grand corps était là, en travers de la cuisine, la tête près du pied du poêle et Émilie craignait qu'il se blessât.

Il frappait le sol du poing, tremblait de tous ses membres, appelait :
— Marthe!...

Il ne cessait pas de se voir souffrir, de s'exciter à souffrir. Il le faisait exprès de penser au cimetière, à la petite tombe, aux pelletées de terre qui tombaient sur le cercueil.

Il hoquetait :
— Je savais bien qu'elle ne reverrait pas le printemps!

Et il poussait de longs gémissements, le visage barbouillé de larmes et de salive.

— Elle ne se doutait pas, quand elle venait à nos premiers rendez-vous...

Il perdait son souffle, haletait, le retrouvait et se tordait sur le sol, sentant que cela ne durerait plus longtemps, que la crise allait passer, que son exaltation allait s'éteindre.

Il trichait sans tricher. Il ne le faisait pas exprès, mais il ne pouvait s'empêcher de se voir comme dans une glace. Il voyait aussi les pieds de ses tantes. Il savait qu'elles attendaient, qu'elles n'étaient pas trop effrayées, qu'elles n'ignoraient pas que cela passerait, comme les petites rages qui le prenaient quand il était jeune.

— Une pauvre petite... Et sa mère qui me disait...

Hortense, doucement, répétait :

— Calme-toi, Jean!... Calme-toi...

Ce n'était pas pour les mots, c'était pour leur musique monotone, apaisante.

D'ailleurs, il s'arrêtait. Mais c'était pour repartir, parce qu'il avait retrouvé une autre image de Marthe. Puis, la gorge vraiment serrée, le visage méconnaissable dans une grimace, il demandait à ses tantes, pitoyable :

— Elle n'a rien dit pour moi?

Qu'est-ce qu'il faisait, ce jour-là, à cette heure-là, pendant qu'elle mourait? Est-ce qu'il n'était pas avec une autre?

— Calme-toi... Tu vas te faire mal...

Il ne pouvait pas rester par terre. Cela devenait ridicule. Il se levait, titubait, se laissait tomber sur une chaise et se prenait la tête à deux mains, les coudes sur la table.

— Morte...

Et Émilie :

— Elle aurait souffert toute sa vie...

Il la regarda, ne dit rien, n'osa même pas penser.

— Elle ne s'est pas vue partir... A la fin, elle était très faible, abrutie par les drogues...

Il pleurait plus régulièrement et on lui passait un mouchoir, d'un geste si naturel qu'il en était hallucinant.

— Bois... disait Hortense. Cela te remontera...

Il but docilement, s'étrangla, ne retrouva pas son émotion et fronça les sourcils, tout dérouté d'être ainsi en panne.

Elles avaient soin, les deux, de ne pas prononcer de paroles inutiles. Hortense mouillait une serviette au robinet, la lui tendait.

— Essuie-toi le visage...

Il pleurait encore, frissonnait à cause du carreau qu'il avait cassé en lançant la bouilloire.

— Bois encore un coup...

Il devait bien finir par les regarder. Il le fit avec crainte, comme s'il allait découvrir quelque chose de monstrueux, mais il les trouva calmes l'une et l'autre, calmes et douces, un peu tristes.

— Qu'est-ce qu'*il* a dit?

Elles comprirent qu'il s'agissait de Justin.

— Il n'a rien dit. Adélaïde s'est alitée.

Il ne pouvait s'empêcher de demander aussi :

— Il y avait du monde?

— Tout le village! Et pourtant il pleuvait. Finis ton verre, Jean! Tu es tout tremblant, tu as dû rouler trop vite...

C'était peut-être cela, peut-être pas ça, mais il avait la fièvre et ses yeux se fermaient, il se sentait vague, imprécis, il se levait, avait conscience qu'Hortense l'aidait à gagner l'escalier.

— Viens te coucher, oui.

Il obéissait, dans un univers confus où Émilie mettait une bouillotte dans son lit tandis qu'Hortense le déshabillait comme un enfant. Et alors, tout au fond de son brouillard, une vérité toute simple jaillissait.

— C'est Hortense!

Il avait eu raison! Adélaïde et Marthe s'étaient trompées! C'était certainement Hortense, puisque c'était toujours elle qui le déshabillait, tandis qu'Émilie se tournait vers le mur!

— Ne pense plus à tout cela... Je vais te donner un peu de la potion...

Elle faillit dire « de la potion de Marthe » mais elle s'arrêta. Il avait compris. Il but le médicament et fut à nouveau tout ému, comme si cette potion avait servi de contact entre lui et la morte.

— Je laisse la porte ouverte, si tu avais besoin de quelque chose...

Une larme, deux larmes coulaient sur ses joues. Il les sentait qui lui chatouillaient la peau et il résistait à l'envie de les écraser, il voulait les supporter jusqu'à la fin, jusqu'à ce qu'elles se fondissent sur le drap de lit.

La veilleuse était allumée sur la table de nuit. Le lit était grand. Il avait besoin de pleurer encore, de s'attendrir et il entendait aller et venir dans la chambre voisine, à pas feutrés, il entendait chuchoter ses tantes, il sentait que l'une des deux, il ne savait pas laquelle, venait de temps en temps regarder à la porte...

Il lui fallait, à la fin, chercher des idées bêtes, penser de plus en plus au cimetière, balbutier :

— Elle a froid... Il pleut...

On vint le border, il ne sut pas davantage qui, car il garda les yeux fermés. Il avait très chaud, surtout aux joues et aux paupières. Il voyait sous celles-ci des objets démesurément grossis, comme quand il avait eu les oreillons, et il avait l'impression que l'édredon était plus grand que la chambre.

Des lèvres effleurèrent son front et il lui sembla qu'une voix, très loin dans les limbes, murmurait :

— C'est Hortense...

Il pleuvait. De grosses gouttes tombaient à intervalles égaux sur l'appui de fenêtre et un ruisseau courait le long de la route. Cependant il n'y avait pas de mer. On n'entendait qu'un mol clapotis.

Le fit-il en réalité? Le rêva-t-il? Il avançait la main vers la place vide à côté de la sienne et il la retirait, rassuré, car il n'y avait personne.

Et soudain il y eut de la lumière, une porte ouverte, Hortense, en culottes bouffantes et en bottes qui lui tendait ses vêtements de travail, grondait en souriant :

— Eh bien! paresseux?

— Quelle heure est-il?

— Il y a déjà une demi-heure que nous devrions être au bouchot.

Il répondit, en regardant le ciel au-delà de la fenêtre :

— C'est vrai.

Elle descendit réchauffer le café. Il mit ses bottes, attela le cheval.

Il était un peu abruti, un peu mou. Mais elle avait raison : c'était comme cela qu'il fallait faire.

Et il ne fallait rien dire, trois heures plus tard, alors qu'ils s'en revenaient à travers la vase devant la charrette.

Il ne fallait pas essayer de l'égayer, de l'amuser, de lui faire oublier.

Ce qu'elles faisaient, rien de plus! La maison comme avant...

Elles devaient bien comprendre qu'il ne serait plus jamais tout à fait le même...

Mais elles le gardaient, c'était le principal! Toutes les deux! Les deux chi...

Pourquoi? Est-ce que ce n'était pas Justin qui avait tort, Justin qu'on voyait en noir, avec un col trop blanc et un crêpe à son chapeau, au Café de la Poste?

A l'idée qu'il avait pu être question d'un logement à La Rochelle et de...

Chaque chose était tellement à sa place qu'on aurait pu vivre sans ouvrir les yeux!

— Tu viens, Jean?

Jamais un mot, une allusion. Lui non plus. A quoi bon? Une fois seulement, il avait regardé le portrait du grand-père, dans le bureau, le portrait à longue tête et à moustaches tombantes.

A la place de ce visage, l'espace d'une seconde, il avait cru en voir un autre : celui de Kraut, le jour du mariage...

Kraut qui avait été valet de ferme chez les deux tantes...

— C'est Hortense...

Jean était vide. Il faudrait le temps. Néanmoins, il était bien obligé de convenir qu'il était à sa place.

Alors?

— J'irai avec toi à La Rochelle, Jean.

Elle lui avait acheté un crêpe et on avait fait teindre sans le lui dire son complet gris. Parce que...

Et tante Hortense achetait des fleurs qu'elle lui faisait porter sur la tombe.

Avec elles deux, il n'avait pas besoin de penser. Il valait mieux ne pas penser.

Un jour, il rencontra Adélaïde dans un petit chemin. Elle l'embrassa trois fois, avec componction. Elle soupira :

— Mon pauvre Jean!

Il voulut répondre :

— Ma pauvre maman...

Il n'y parvint pas. Il dit :

— Ma pauvre Adélaïde...

— Quel coup, n'est-ce pas?

Lui, il y était déjà habitué. Il ne pleurait plus, ne se mettait plus dans tous ses états.

La différence avec avant, c'est qu'il lui arrivait de penser et qu'alors il regardait les gens en dessous, surtout ses tantes, avec l'air de se méfier d'eux.

Puis cela passait...

Puis cela revenait...

Cela ne pouvait jamais durer longtemps, car il y avait ceci ou cela à faire, chaque heure à remplir selon des règles, le bouchot, le camion, la Petite Vitesse, le billard...

Et quand on parlait de lui, plus tard, on ne disait jamais que c'était un veuf, mais un vieux garçon vivant avec ses tantes.

DU MÊME AUTEUR

Aux Éditions Gallimard

L'AÎNÉ DES FERCHAUX, Folio Policier n° 201.
L'ASSASSIN, Folio Policier n° 61.
LE BLANC À LUNETTES, Folio n° 1013.
LE BOURGMESTRE DE FURNES, Folio Policier n° 110.
LE CERCLE DES MAHÉ, Folio Policier n° 99.
CEUX DE LA SOIF, Folio Policier n° 100.
CHEMIN SANS ISSUE, Folio Policier n° 246.
LE CHEVAL BLANC, Folio Policier n° 182.
LES CLIENTS D'AVRENOS, Folio n° 661.
LE COUP DE VAGUE, Folio Policier n° 101.
LES DEMOISELLES DE CONCARNEAU, Folio Policier n° 46.
L'ÉVADÉ, Folio n° 1095.
FAUBOURG, Folio Policier n° 158.
LE FILS CARDINAUD, Folio n° 1047.
L'HOMME QUI REGARDAIT PASSER LES TRAINS, Folio Policier n° 96.
IL PLEUT BERGÈRE…, Folio Policier n° 211.
LES INCONNUS DANS LA MAISON, Folio Policier n° 90.
LE LOCATAIRE, Folio Policier n° 45.
LA MAISON DES SEPT JEUNES FILLES *suivi du* CHÂLE DE MARIE DUDON, Folio n° 732.
MALEMPIN, Folio n° 1193.
LA MARIE DU PORT, Folio Policier n° 167.
LA MAUVAISE ÉTOILE, Folio Policier n° 213.
LES NOCES DE POITIERS, Folio Policier n° 1304.
ONCLE CHARLES S'EST ENFERMÉ, Folio Policier n° 288.
LES PITARD, Folio n° 660.
45° À L'OMBRE, Folio Policier n° 289.

QUARTIER NÈGRE, Folio n° 737.
LE RAPPORT DU GENDARME, Folio Policier n° 160.
LES RESCAPÉS DU TÉLÉMAQUE, Folio n° 1175.
LES SEPT MINUTES, Folio n° 1428.
LES SŒURS LACROIX, Folio Policier n° 181.
LES SUICIDÉS, Folio n° 935.
LE SUSPECT, Folio n° 54.
TOURISTE DE BANANES, Folio n° 1236.
LES TROIS CRIMES DE MES AMIS, Folio Policier n° 159.
LA VÉRITÉ SUR BÉBÉ DONGE, Folio Policier n° 98.
LA VEUVE COUDERC, Folio Policier n° 235.
LE VOYAGEUR DE LA TOUSSAINT, Folio n° 111.

COLLECTION FOLIO POLICIER

Dernières parutions

153. A.D.G. — *Pour venger pépère*
154. James Crumley — *Les serpents de la frontière*
155. Ian Rankin — *Le carnet noir*
156. Louis C. Thomas — *Une femme de trop*
157. Robert Littell — *Les enfants d'Abraham*
158. Georges Simenon — *Faubourg*
159. Georges Simenon — *Les trois crimes de mes amis*
160. Georges Simenon — *Le rapport du gendarme*
161. Stéphanie Benson — *Une chauve-souris dans le grenier*
162. Pierre Siniac — *Reflets changeants sur mare de sang*
163. Nick Tosches — *La religion des ratés*
164. Frédéric H. Fajardie — *Après la pluie*
165. Matti Yrjänä Joensuu — *Harjunpää et le fils du policier*
166. Yasmina Khadra — *L'automne des chimères*
167. Georges Simenon — *La Marie du Port*
168. Jean-Jacques Reboux — *Fondu au noir*
169. Dashiell Hammett — *Le sac de Couffignal*
170. Sébastien Japrisot — *Adieu l'ami*
171. A.D.G. — *Notre frère qui êtes odieux...*
172. William Hjortsberg — *Nevermore*
173. Gérard Delteil — *Riot gun*
174. Craig Holden — *Route pour l'enfer*
175. Nick Tosches — *Trinités*
176. Fédéric H. Fajardie — *Clause de style*
177. Alain Page — *Tchao pantin*
178. Harry Crews — *La foire aux serpents*
179. Sréphanie Benson — *Un singe sur le dos*
180. Lawrence Block — *Un danse aux abattoirs*
181. Georges Simenon — *Les sœurs Lacroix*
182. Georges Simenon — *Le Cheval Blanc*
183. Albert Simonin — *Touchez pas au grisbi !*

184. Jean-Bernard Pouy — *Suzanne et les ringards*
185. Pierre Siniac — *Les monte-en-l'air sont là !*
186. Robert Stone — *Les guerriers de l'enfer*
187. Sylvie Granotier — *Sueurs chaudes*
188. Boileau-Narcejac — *... Et mon tout est un homme*
189. A.D.G. — *On n'est pas des chiens*
190. Jean Amila — *Le Boucher des hurlus*
191. Robert Sims Reid — *Cupide*
192. Max Allan Collins — *La mort est sans remède*
193. Jean-Bernard Pouy — *Larchmütz 5632*
194. Jean-Claude Izzo — *Total Khéops*
195. Jean-Claude Izzo — *Chourmo*
196. Jean-Claude Izzo — *Solea*
197. Tom Topor — *L'orchestre des ombres*
198. Pierre Magnan — *Le tombeau d'Hélios*
199. Thierry Jonquet — *Le secret du rabbin*
200. Robert Littell — *Le fil rouge*
201. Georges Simenon — *L'aîné des Ferchaux*
202. Patrick Raynal — *Le marionnettiste*
203. Didier Daeninckx — *La repentie*
205. Charles Williams — *Le pigeon*
206. Francisco Gonzàlez Ledesma — *Les rues de Barcelone*
207. Boileau-Narcejac — *Les louves*
208. Charles Williams — *Aux urnes, les ploucs !*
209. Larry Brown — *Joe*
210. Pierre Pelot — *L'été en pente douce*
211. Georges Simenon — *Il pleut bergère...*
212. Thierry Jonquet — *Moloch*
213. Georges Simenon — *La mauvaise étoile*
214. Philip Lee Williams — *Coup de chaud*
215. Don Winslow — *Cirque à Piccadilly*
216. Boileau-Narcejac — *Manigances*
217. Oppel — *Piraña matador*
218. Yvonne Besson — *Meurtres à l'antique*
219. Michael Dibdin — *Derniers feux*
220. Norman Spinrad — *En direct*
221. Charles Williams — *Avec un élastique*
222. James Crumley — *Le canard siffleur mexicain*
223. Henry Farrell — *Une belle fille comme moi*
224. David Goodis — *Tirez sur le pianiste !*

225. William Irish — *La sirène du Mississippi*
226. William Irish — *La mariée était en noir*
227. José Giovanni — *Le trou*
228. Jérome Charyn — *Kermesse à Manhattan*
229. A.D.G. — *Les trois Badours*
230. Paul Clément — *Je tue à la campagne*
231. Pierre Magnan — *Le parme convient à Laviolette*
232. Max Allan Collins — *La course au sac*
233. Jerry Oster — *Affaires privées*
234. Jean-Bernard Pouy — *Nous avons brûlé une sainte*
235. Georges Simenon — *La veuve Couderc*
236. Peter Loughran — *Londres Express*
237. Ian Fleming — *Les diamants sont éternels*
238. Ian Fleming — *Moonraker*
239. Wilfrid Simon — *La passagère clandestine*
240. Edmond Naughton — *Oh ! collègue*
241. Chris Offutt — *Kentucky Straight*
242. Ed McBain — *Coup de chaleur*
243. Raymond Chandler — *Le jade du mandarin*
244. David Goodis — *Les pieds dans les nuages*
245. Chester Himes — *Couché dans le pain*
246. Elisabeth Stromme — *Gangraine*
247. Georges Simenon — *Chemin sans issue*
248. Paul Borelli — *L'ombre du chat*
249. Larry Brown — *Sale boulot*
250. Michel Crespy — *Chasseurs de tête*
251. Dashiell Hammett — *Papier tue-mouches*
252. Max Allan Collins — *Mirage de sang*
253. Thierry Chevillard — *The Bad leitmotiv*
254. Stéphanie Benson — *Le loup dans la lune bleue*
255. Jérome Charyn — *Zyeux-Bleus*
256. Jim Thompson — *Le lien conjugal*
257. Jean-Patrick Manchette — *ô dingos, ô châteaux !*
258. Jim Thompson — *Le démon dans ma peau*
259. Robert Sabbag — *Cocaïne blues*
260. Ian Rankin — *Causes mortelles*
261. Ed McBain — *Nid de poulets*
262. Chantal Pelletier — *Le chant du bouc*
263. Gérard Delteil — *La confiance règne*
264. François Barcelo — *Cadavres*

*Impression Bussière Camedan Imprimeries
à Saint-Amand (Cher),
le 3 janvier 2003.
Dépôt légal : janvier 2003.
1er dépôt légal dans la collection : mai 1999.
Numéro d'imprimeur : 025884/1.*
ISBN 2-07-040823-X./Imprimé en France.

121962